AF474271

BIBLIOTHÈQUE DE LA DÉFENSE RELIGIEUSE ET SOCIALE

154
78

CATÉCHISME
DE
LA RÉVOLUTION
OU
LA RÉVOLUTION
EXPLIQUÉE
DANS SES PRINCIPES, SON LANGAGE, SES ŒUVRES ET SA FIN

PAR CHRISTIAN LE FRANC

> *Super hoc filiis vestris narrate, et filii vestri filiis suis, et filii eorum generationi alteræ.*
>
> Entretenez-en vos enfants, que vos enfants le disent aux leurs, et que ceux-ci le racontent aux races suivantes.
>
> (*Joël*, ch. I, ℣ 3.)

ÉDITION, REVUE ET AUGMENTÉE PAR L'AUTEUR

Recommandée par Mgr de SÉGUR

BAR-LE-DUC
Typ. des Célestins, Bertrand
36, rue de la Banque, 36

PARIS
BLOUD et BARRAL, libraires
18, rue Cassette, 18

1878

I 57

Lb 57

CATÉCHISME

DE

LA RÉVOLUTION

Lb57

Tous droits réservés

BIBLIOTHÈQUE DE LA DÉFENSE RELIGIEUSE ET SOCIALE

CATÉCHISME

DE

LA RÉVOLUTION

OU

LA RÉVOLUTION

EXPLIQUÉE

DANS SES PRINCIPES, SON LANGAGE, SES ŒUVRES ET SA FIN

PAR CHRISTIAN LE FRANC

Super hoc filiis vestris narrate, et filii vestri filiis suis, et filii eorum generationi alteræ.

Entretenez-en vos enfants, que vos enfants le disent aux leurs, et que ceux-ci le racontent aux races suivantes.

(*Joël*, ch. I, ℣ 3.)

ÉDITION, REVUE ET AUGMENTÉE PAR L'AUTEUR

Recommandée par Mgr de SÉGUR

BAR-LE-DUC
Typ. des Célestins, Bertrand
36, rue de la Banque, 36

PARIS
BLOUD et BARRAL, libraires
18, rue Cassette, 18

1878

LETTRE DE S. G. MGR DE SÉGUR

A L'AUTEUR

CHER MONSIEUR,

Sauf de très-légères modifications, votre petit *Catéchisme de la Révolution* me paraît être un des meilleurs opuscules populaires à répandre en ces temps-ci. Comme vous le dites très-bien, la Révolution est, avant tout, une question religieuse, et la politique n'est que son vêtement. C'est l'antichristianisme, avec tous ses blasphèmes, ses astuces, ses perfidies, ses fureurs, ses destructions, ses calomnies, ses institutions anticatholiques et antisociales. Vous le dites quelquefois un peu crûment ; mais il faut cela, pour se faire entendre suffisamment de ces multitudes, à qui l'on ne parle que ce langage effronté, sans mesure et sans pudeur. Je souhaite de tout cœur à votre courageux petit travail le succès d'une publicité considérable dans toutes les provinces de notre pauvre France.

Veuillez me croire, cher Monsieur, votre serviteur très-cordialement dévoué.

Paris, le 26 décembre 1877.

† L.-G. DE SÉGUR,

Chanoine-Evêque de Saint-Denis.

NOTE : La première édition de cet Opuscule ayant été rapidement épuisée, nous sommes heureux de faire paraître une nouvelle édition, avec quelques modifications, sous les auspices de ce saint et illustre prélat, si connu dans le monde catholique par ses éminentes vertus et ses inestimables écrits. La lettre de Mgr de Ségur est une fortune pour cet Opuscule, elle lui vaudra — nous en sommes certain — les bénédictions du ciel et une double confiance de la part du lecteur.

Que les personnes qui s'intéressent à l'œuvre de la défense religieuse et sociale, encouragées par la lettre de Sa Grandeur, veuillent bien accomplir ses vœux, en procurant à ce petit *Catéchisme* le *succès d'une publicité considérable dans toutes les provinces de notre pauvre France.*

AU LECTEUR

L'auteur de ces lignes ne cherche ni les honneurs ni les inconvénients de la publicité. Son but est, par cet opuscule, sous forme de catéchisme, de démasquer encore une fois les mille erreurs, mensonges, principes faux, que la presse révolutionnaire ne cesse de répandre jusqu'au plus modeste foyer.

La révolution creuse, chaque jour, à nos côtés un affreux précipice, où elle aspire à tout engloutir, et c'est par nos mains mêmes qu'elle nous le fait creuser : *Foderunt ante faciem meam foveam, et inciderunt in eam.* (Ps. XXV.)

De tous temps, l'Eglise, cette « envoyée » de Dieu, n'a cessé de signaler ce danger social. Cent fois, l'immortel Pie IX a élevé la voix contre cet ennemi de toute autorité légitime. Qui ne connaît son cri de souffrance du 12 mars 1877 pour dénoncer à l'univers catholique que « *l'Eglise de Dieu souffre violence et persécution en Italie, que le Vicaire de Jésus-Christ ne jouit ni de la liberté, ni du plein et entier usage de son indépendance* (1) ». Mais qui ne connaît aussi les injures, les diatribes, que ces paroles du Vicaire de Jésus-Christ ont soulevées dans le camp révolutionnaire !

Hélas ! s'il n'y avait de coupables que les fils de la Révolution ! Mais, parmi les prétendus *conservateurs... honnêtes gens...*, que de Pilates indifférents à savoir « *ce que c'est que la vérité* » ; combien qui ne cessent de répéter : *Il faut être de son siècle !... c'est trop tard !... à quoi bon !... ce n'est pas à moi à me montrer !...* Illusion, erreur et lâcheté ! Oui, il faut être de son siècle, mais avec Dieu, l'Eglise... Non, il n'est pas trop tard pour lutter, avec l'Eglise, contre l'erreur, le mal.....; c'est notre devoir à tous. Oui, lecteur, c'est à vous, c'est à moi, c'est à tout le monde de

(1) Alloc. du 12 mars 1877.

combattre la révolution, par nos prières, nos conseils, nos écrits, par tous les moyens possibles. « Que l'un commence, que l'autre continue et couronne la tâche... ; mais que chacun vienne à son tour prendre sa part de l'œuvre... » « *Alius autem superædificat. Unusquisque autem videat quomodo superædificet* (1) ».

C'est dans ces sentiments que nous osons livrer ces lignes au public. Nous les confions à la presse catholique, qui leur donnera des ailes.

Daigne le Seigneur les bénir, les féconder, en leur donnant « l'accroissement » dans le cœur du lecteur, et, dans le public, des frères plus dignes de notre sainte Mère l'Eglise catholique et romaine.

(1) Saint Paul aux Corinth., chap. III, ℣ 18.

CATÉCHISME DE LA RÉVOLUTION

CHAPITRE I

Ce que c'est que la révolution.

D. Qu'est-ce qu'une révolution ?

R. C'est mettre en bas ce qui est en haut, et en haut ce qui est en bas.

D. Cela est-il permis ?

R. Cela peut l'être, à la condition de respecter l'ordre établi par Dieu, et de ne pas mettre en bas ce qu'il a mis en haut.

D. Qu'est-ce qu'il a mis en haut?

R. Lui-même, l'Eglise, son « envoyée », tous les chefs légitimes, soit ecclésiastiques, soit civils, soit domestiques : ils ne sauraient être en bas, pas plus que, dans le corps humain, la tête ne saurait être en bas et les pieds en haut.

D. Mais qu'est-ce qu'on entend, depuis un siècle, par le mot *révolution* ?

R. C'est le cri de Satan : « Je n'obéirai pas», érigé en *principe, en droit*.

D. Mais encore ?

R. C'est la consécration légale du *principe* de la révolte, soit religieuse, soit politique; en un mot, c'est Dieu détrôné et l'homme substitué à Dieu, l'anarchie.

D. La révolution n'est donc pas le grand événement historique de la fin du siècle dernier, avec sa guillotine, ses noyades, ses Robespierre, ses Marat, etc ?

R. Non, ce sont là ses œuvres, ses agents ; ils passent, elle reste.

D. La révolution a-t-elle été la cause de quelques progrès ?

R. La révolution proprement dite n'a été la cause d'aucun progrès réel, elle a pu seulement *hâter* quelques développements matériels, dans l'industrie, le commerce, etc.

D. N'a-t-elle pas engendré les *immortels principes de 89* ?

R. Oui, et, dignes fils de leur mère, ils portent avec eux la mort.

D. Comment la révolution porte-t-elle la mort ?

R. Parce qu'étant la négation de toute autorité légitime elle nie, premièrement et avant tout, l'autorité de l'Eglise de Jésus-Christ, gardienne et protectrice de toutes les autres, puis celle du trône, de la société, de la famille, dans leurs principes les plus sacrés.

D. Est-ce que vous confondez les principes de 89 avec ceux de 93 ?

R. On ne peut les séparer, parce que les premiers conduisent logiquement aux seconds : les uns et les autres prétendent constituer la société sans Dieu, sans croyance positive, en dehors de tout droit surnaturel ; ce que n'admettait pas ce sage païen (Plutarque) qui disait : « On bâtirait plutôt une ville dans les airs qu'un Etat sans la croyance des dieux ».

D. La question de la révolution n'est donc pas une question seulement politique ?

R. Non, elle est religieuse, politique et sociale.

D. Est-ce une question grave ?

R. Ses attaques devenant de plus en plus formidables, et s'étendant aux quatre coins du monde, elle est l'unique question de notre siècle.

CHAPITRE II

Qui est le père de la révolution. Quel est son but.

D. Qui est le père de la révolution ?

R. L'immortel Pie IX nous apprend son nom quand il nous dit : « La révolution est le règne de Satan » ; et J. de Maistre ne pensait pas autrement quand il disait : « La révolution française est satanique dans son principe ; elle ne peut être véritablement finie, tuée, exterminée que par le principe contraire..., par une contre-révolution divine (1) ».

D. Qu'a-t-il été et qu'est-il?

R. Idolâtre avant l'avénement de Jésus-Christ; depuis il est et sera antichrétien, en attendant qu'à la fin des temps il devienne l'antechrist.

D. Que voulez-vous dire?

R. Qu'après avoir substitué l'homme à Dieu et s'être fait adorer sous la forme de tous les vices et infamies, à l'époque du paganisme, il a voué une haine implacable à l'Eglise qui l'a combattu et refoulé.

D. Son règne est donc ancien?

R. Il l'a inauguré au paradis terrestre, en disant à nos premiers parents : « Vous serez comme des dieux » ; cri de révolte qu'il ne cesse de répéter à leurs enfants, à travers les générations. « Le paganisme, tous les paganismes », dit Guizot, « cosmologiques, mystiques ou poétiques, ont ce caractère essentiel et commun, que c'est l'homme lui-même qui y *devient* ou y *fait* Dieu ».

D. Que veut-il encore aujourd'hui?

(1) Lett. et Opusc., 3e édit., t. I, p. 359, 381.

R. Substituer l'homme à Dieu, en rétablissant le paganisme sur les ruines du christianisme.

D. Qui l'a dit?

R. L'histoire et avec elle Pie IX, lorsque, dans un document mémorable, il rappelle à toute la terre que « la révolution est inspirée par Satan lui-même ; que son but est de détruire de fond en comble l'édifice du christianisme et de reconstituer sur ses ruines l'ordre social du paganisme ».

D. N'y a-t-il pas des aveux de ses agents ?

R. Ils sont nombreux : citons une instruction secrète de la *Vente Suprême* : « Notre but final », y est-il dit, « est celui de Voltaire et de la révolution française, l'anéantissement, à tout jamais, du catholicisme et même de l'idée chrétienne ».

CHAPITRE III

Commencement de la révolution proprement dite.

D. A quelle époque la révolution a-t-elle commencé à paraître avec la forme de négation ou révolte actuelle ?

R. Vers le milieu du quinzième siècle, à

cette époque nommée, à tort, la Renaissance.

D. Qu'entendez-vous par cette Renaissance ?

R. J'entends une époque de « monstrueuse alliance du profane et du sacré...., d'imitation de mœurs païennes », qui, si elle fut féconde dans l'histoire des arts, fut « dans l'histoire morale, intellectuelle et politique des peuples, fertile en résultats dangereux ou équivoques (1) ».

D. Nous reste-t-il encore quelque chose de cette « fureur d'admiration du paganisme ? »

R. Oui, l'élite de notre jeunesse *chrétienne*, sortie du foyer domestique, consacre ses années d'éducation à l'étude et à l'admiration du *paganisme*, de telle sorte qu'elle connaît mieux les lois de la Grèce, de la Rome païenne, que celles du christianisme....., les auteurs de Sparte et d'Athènes, mieux que ceux de l'Eglise..., les dieux de la mythologie mieux que les saints du calendrier...

D. Croyez-vous que cette éducation ait contribué au néo-paganisme de nos jours ?

R. On ne saurait en douter ; ainsi l'affirment les amis et les ennemis de la révolution, et, pour s'en convaincre, il n'y a qu'à lire les écrits, faits et gestes de nos révolutionnaires.

(1) Encycl. du XIXe siècle, *Renaissance*.

CHAPITRE IV

Ses premiers apôtres et adeptes.

D. Qui furent les premiers apôtres de cette révolution païenne ?

R. Luther et Calvin.

D. Qu'étaient-ils ?

R. Deux apostats nourris et engraissés du pain de l'Eglise.

D. Que firent-ils ?

R. Ils nièrent l'infaillibilité ou l'autorité de l'Eglise de Jésus-Christ et y substituèrent l'infaillibilité ou l'autorité de la raison individuelle. C'est ce qu'on appelle l'émancipation de la raison.

D. Trouvèrent-ils des imitateurs de leur révolte ?

R. Oui, les rois voulurent devenir *Césars-papes* : ils travaillèrent à abattre, à leur profit, l'aristocratie ; surtout ils opprimèrent systématiquement l'Eglise, l'unique protectrice de leurs trônes : — ils furent les auteurs de la révolution *royale*.

D. Les rois eurent-ils des imitateurs ?

R. Oui, Voltaire, J.-J. Rousseau et consorts ; ils s'écrièrent : « Ecrasons l'infâme !... » le

Christ. — « Avec les boyaux du dernier des prêtres étranglons le dernier des rois !!! »

D. Qui furent leurs dignes successeurs ?

R. Robespierre, Saint-Just, Danton, Marat, Carrier, Babeuf, etc., etc., qui furent les pontifes de la grande tourmente de 93..... de la révolution *bourgeoise*.

CHAPITRE V

Epoque de sa consécration légale. — « Droits de l'homme ».

D. Que fut la funeste époque de 89 pour la révolution proprement dite ?

R. Ce fut l'époque de sa renaissance ou consécration *légale*.

D. Comment se fit ce baptême légal ?

R. Par la proclamation des droits de l'homme contre les droits de Dieu ; par la fondation d'un nouvel ordre, soit religieux, soit social, absolument indépendant des volontés ou commandements de Dieu ; en un mot, par l'*apothéose de l'homme*.

D. Quelle est donc cette charte « des droits inaliénables et sacrés de l'homme ? »

R. En voici quelques articles :

« Art. Ier. Tous les hommes naissent et demeurent *libres et égaux en droits.*

« Art. II. *Toute association politique est instituée pour garantir à l'homme la jouissance de ses droits naturels et imprescriptibles : ces droits sont : la liberté, la sûreté et la résistance à l'oppression.*

« Art. III. *Le principe de toute souveraineté réside essentiellement dans la nation. Nul corps, nul individu ne peut exercer d'autorité qui n'en émane expressément.*

« Art. IV. *La liberté consiste à pouvoir faire tout ce qui ne nuit pas à autrui.*

« Art. V. *La loi est l'expression de la volonté générale. Tous les citoyens ont droit de concourir personnellement ou par leurs représentants à sa formation ; elle est la même, soit qu'elle protége, soit qu'elle punisse...*

« Art. VI. *Nul ne peut être inquiété pour ses opinions, mêmes religieuses*, pourvu que leur manifestation ne trouble pas l'ordre public et établi par la loi.

« Art. VII. *La libre communication des pensées et des opinions est un des droits les plus précieux de l'homme : tout citoyen peut donc parler, écrire, imprimer librement, sauf à répondre de l'abus de cette liberté dans les cas déterminés par la loi.*

« Art. VIII. Pour l'entretien de la force publique et les dépenses de l'administration, une contribution est indispensable : *elle doit être répartie entre tous les citoyens en raison de leurs facultés.*

« Art. IX. *La société* a le droit de demander compte à *tout agent public* de son administration.

« Art. X. Toute société dans laquelle la garantie des droits n'est pas assurée, *ni la séparation des pouvoirs déterminée,* n'a point de constitution.

« Art. XI. *La propriété étant un droit inviolable et sacré, nul ne peut en être privé, si ce n'est lorsque la nécessité publique l'exige et sous la condition d'une juste et préalable indemnité.*

« Art. XII. L'assemblée nationale, voulant établir la constitution française sur les principes qu'elle vient de reconnaître et de déclarer, *abolit irrévocablement les institutions qui blessent la liberté et l'égalité des droits.*

D. Mais pourquoi avez-vous souligné certains passages ?

R. C'est que ces mots, en apparence inoffensifs, renferment des principes contraires aux droits ou de Dieu, ou de son Eglise, ou de la société, ou enfin de la famille,

CHAPITRE VI

Corollaires et conclusions pratiques tirés de la Charte « des droits de l'homme ». — Ruines de toute sorte. — 93 avec son catéchisme républicain.

D. Quel fut le corollaire de ces principes?

R. De déclarer et publier par *le Moniteur*, organe officiel, qu' « il n'y a plus ni noblesse, pairie, chevalerie, ni distinction quelconque... »

Que « la loi ne reconnaît ni vœux religieux, ni aucun autre engagement contraire aux droits naturels ou à la constitution... »

Que « tout vœu ou engagement fait à l'Etre Suprême est nul, si l'homme ne l'autorise pas... »

Que, « tout principe d'autorité résidant essentiellement dans le peuple, toute autorité vient du peuple, tout pouvoir légitime émane du peuple... »

Que « le peuple est Dieu, et qu'il n'y a pas d'autre Dieu que lui (1)... »

D. Et les conclusions pratiques?

R. Le pillage, l'incendie ou la conversion

(1) Décret du 28 brumaire an II. — Moniteur; Journ. mém. de la Révol., *passim*.

en casernes, écuries, salles de spectacle, de toutes les cathédrales, églises, chapelles, — de tous les monastères, abbayes, couvents, prieurés, fondations des princes, des particuliers, avec tous leurs chefs-d'œuvre, — la dévastation de tous les manoirs, châteaux, presbytères, etc., avec leurs bibliothèques, manuscrits, objets d'art et tableaux, etc., etc.

D. Est-ce tout ?

R. Non. Le « Dieu-Peuple », en quelques mois, détruisit l'ouvrage de douze siècles : renversa le trône de France ; ébranla ceux de l'Europe ; supprima tous les ordres, parlements, tribunaux, académies, universités, corporations, jurandes, etc., de l'Etat ; anéantit tous les droits, priviléges, franchises des provinces, pays, villes, bourgs, etc. ; annihila les droits de la famille ; envoya, par milliers, les hommes et les femmes en exil ou à l'échafaud.

D. Mais est-ce tout encore ?

R. Non, la « Déesse-Nation » mit hors la loi les évêchés, chapitres, institutions ecclésiastiques ; supprima tous les vœux et engagements de religion ; détruisit toutes les congrégations enseignantes, hospitalières des deux sexes, ordres de chevalerie, séminaires, etc. ; massacra, exila ou noya des milliers de prêtres, de religieux, de religieuses, de fidèles ;

fit périr le Pape en prison et le roi sur l'échafaud.

D. Que fit faire encore la « Déesse-Raison ? »

R. Après avoir dépouillé les prêtres et les saints de leurs « splendides vêtements peu conformes à la simplicité du sans-culotte Jésus », purgé les temples de leurs « *reliques puantes, guenilles et pourritures dorées* », purifié la France des « *brimborions sacrés des puériles pagodes* », elle fit parodier nos plus augustes mystères et cérémonies par des mascarades sacriléges, « *dansant la carmagnole et remplaçant tous ces* Te Deum *par l'hymne sacré des Marseillais* ».

D. Mais elle dut être satisfaite ?

R. Non : pour « anéantir à tout jamais le catholicisme et même toute idée chrétienne », elle fit effacer partout les noms des saints et les remplaça par des noms païens, grotesques ou révolutionnaires. Enfin elle supprima le catéchisme de l'Eglise et mit à la place un *catéchisme républicain* ».

D. Pouvez-vous nous donner quelque chose de ce catéchisme ?

R. Oui, voici son *Credo :*

CREDO RÉPUBLICAIN.

« Je crois dans un Etre Suprême qui a créé les hommes libres et égaux, qui les a faits pour

RF

s'aimer et non pour se haïr, qui veut être honoré par des vertus et non par le fanatisme ; et aux yeux de qui le plus beau culte est celui de la raison et de la vérité.

« Je crois que l'unité et l'indivisibilité de la république fait le bonheur du peuple, qu'un attachement sans bornes à la constitution qu'il a acceptée peut seul lui en assurer la jouissance, et que l'homme, pour conserver ses droits, ne doit jamais oublier ses devoirs.

« Je crois à la destruction prochaine de tous les tyrans et de tous les rebelles, à la régénération des mœurs, à la propagation de toutes les vertus et au triomphe éternel de la liberté ».

Voici son *Invocation* et sa *Salutation* :

« Chantez, filles des cieux ; ô liberté ! tu es descendue pour nous sur la terre ; que ton nom soit à jamais chéri. Ton règne est arrivé, celui de la loi est pareillement venu ; que ta volonté soit faite. Pourvois aux besoins de tes enfants, assure-leur le pain à tous, pour tous les jours : oublie les injures que te font les peuples infâmes, pour ne songer qu'aux hommages que tu reçois d'un peuple libre. Divinité de ma patrie ! écarte de nous tout ce qui peut nous induire en erreur, éloigne, éloigne jusqu'à la tentation de mal faire et délivre-nous de nos ennemis ».

« Je vous salue, sans-culottides, noms révérés que la fin de chaque année doit présenter tour à tour à notre culte : vertus, génie, travail, opinion, récompense ; vous réunissez tout ce que le monde moral peut offrir de beau, de sublime, d'utile, de sage et d'agréable.

« C'est à vous, ô vertus, que sont réservés nos premiers hommages. Vous êtes les premiers fondements de la félicité publique ; vous n'êtes qu'un mot pour les méchants, vous êtes tout pour le sage ; par vous, l'homme est juste, reconnaissant et sensible ; par vous, les liens de l'amour et de l'amitié acquièrent de nouveaux charmes ; par vous, le magistrat est prudent, le législateur intègre et le juge impassible ; c'est vous, enfin, qui dirigez l'élan sublime du génie ».

« O génie ! je te salue ; tu rends l'homme le confident de la nature, le dépositaire de ses secrets ; tu la fais revivre par les arts dont tu agrandis le domaine, tu animes le marbre, tu fais respirer la toile, et tu offres au souvenir et à la reconnaissance des siècles les héros et les martyrs de la liberté ; par toi l'harmonie réveille dans notre âme tous ces sentiments, toutes ces affections de la valeur, de la jeunesse et de l'amour. Heureux, ô sans-culottides ! mille fois heureux celui qui, plein des idées que vous faites naître, peut se dire à lui-même :

. . . .

Le bon sens sert de guide à mon opinion :
Bien servir mon pays est mon ambition ;
Et quand je l'ai servi, voilà ma récompense !

D. Connaissez-vous « les dix commandements de la république française ? »

R. Oui, et les voici :

« 1 Français, ton pays défendras,
Afin de vivre librement.

« 2 Tous les tyrans tu poursuivras
Jusqu'au delà de l'Indoustan.

« 3 Les lois, les vertus soutiendras,
Même, s'il le faut, de ton sang.

« 4 Les perfides dénonceras
Sans le moindre ménagement.

« 5 Jamais foi tu n'ajouteras
A la conversion des grands.

« 6 Comme un frère soulageras
Ton compatriote souffrant.

« 7 Lorsque vainqueur tu te verras,
Sois fier, mais compatissant.

« 8 Sur les emplois tu veilleras,
Pour en expulser l'intrigant.

« 9 Le dix août sanctifieras,
Pour l'aimer éternellement.

« 10 Le bien des fuyards verseras
Sur le *sans-culotte* indigent ».

« Les six commandements de la Liberté » :

« 1 A ta section tu te rendras
De cinq en cinq jours strictement,
« 2 Connaissance de tout prendras,
Pour ne pécher comme ignorant.
« 3 Lorsque ton vœu tu émettras,
Que ce soit toujours franchement.
« 4 Tes intérêts discuteras,
Ceux des autres pareillement.
« 5 Jamais tu ne cabaleras,
Songe que la loi le défend.
« 6 Toujours tes gardes monteras
Par toi-même exactement ».

D. Donnez-nous le « serment républicain ».

R. « Nous promettons, en républicains, que nous exterminerons tous les tyrans, tous les despotes coalisés contre notre sainte Liberté ; que nous promènerons le niveau redoutable de l'Egalité pour abattre tout ce qui s'élèvera au-dessus de l'expression solennelle de la volonté générale ; que nous prêterons l'appui fraternel de notre bras à tout républicain opprimé ou injustement persécuté ; que nous serons toujours la force du faible et le contrepoids du puissant, les amis des citoyens indigents et les ennemis implacables de l'opulent égoïste ; que nous combattrons et poursuivrons tous les abus, restes impurs de la monarchie et d'un despotisme corrupteur ; que nous protégerons les chaumières et renverserons tout ce qui pourrait inquiéter la Liberté ; qu'autant qu'il sera en notre pouvoir, nulle bastille ne restera sur la terre, nul tyran sur son trône, nul peuple dans les fers ; que tous les hommes trouveront en nous des frères, et tous nos citoyens des soutiens inébranlables de la République française, une et indivisible. Nous le jurons par les ruines de la Bastille ; nous le jurons par les droits immortels de l'homme et du citoyen (1) ».

(1) Voici « le chapitre III, *de la Religion* », de ce même catéchisme républicain, « plus raisonnable que celui que nos curés de village mettaient autrefois sous les yeux des enfants » :

D. Qu'entendez-vous par religion ?

R. J'entends la haute opinion que l'homme a de son être, et la reconnaissance qu'il doit à l'Etre Suprême pour les bienfaits dont il l'a comblé.

D. Quel est le principal devoir prescrit par la religion ?

R. D'être honnête homme.

D. Que pensez-vous de l'ensemble de ce catéchisme ?

R. Qu'il est digne d'un paganisme sauvage et des « saints » de ce *pandémonium* révolutionnaire.

D. Quels sont ces saints ?

R. *Brutus,* choisi pour patron de la France des Clovis, des Charlemagne, des saint Louis, parce qu'ayant le premier « manifesté le désir de purger la terre des rois », il devait « rappeler sans cesse aux citoyens que, pour être bons

D. A quels traits reconnaissez-vous un honnête homme ?

R. Celui qui obéit scrupuleusement aux lois de son pays et qui ne fait à autrui que ce qu'il voudrait qu'on lui fît est assurément un honnête homme.

D. La Divinité exige-t-elle un culte public et brillant ?

R. Je ne le crois pas; aussi la plupart des momeries religieuses, qui ont parcouru le monde depuis plusieurs siècles, ont-elles été inventées par les prêtres, dont le crédit a toujours été fondé sur la superstition.

. . . .

D. Quelle religion convient le mieux à l'homme ?

R. *Toutes sont égales* aux yeux du sage, pourvu que leur morale et leur doctrine soient conformes aux lois de l'Etat.

D. Les prêtres sont-ils nécessaires ?

R. Ils ne sont pas même utiles. En général ils ont fait beaucoup plus de mal que de bien, et chacun peut adorer Dieu comme bon lui semble ; il serait ridicule d'exiger de lui qu'il confiât à un autre le soin de faire ce que lui-même peut exécuter.

D. Est-il nécessaire qu'il y ait des temples?

R. Cette institution est fort indifférente, mais, en laissant à chaque culte le soin de s'organiser à sa manière, les diverses citoyens, ils doivent toujours être prêts à tout sacrifier jusqu'à leurs enfants pour le bien de leur pays » ;

— *Jacques Clément, Ravaillac,* déclarés « heureux parce qu'ils purent tuer un roi » ;

— *Robespierre,* qui voulait « élever les âmes à la hauteur des vertus républicaines des peuples antiques » ;

— *Saint-Just,* qui demandait « que tous les citoyens portassent sous leur habit le couteau de Brutus », etc., etc.

sectes peuvent prendre sur cela le parti qui pourra leur convenir le mieux.

CHAPITRE IV. — *Des vertus sociales.*

D. Quelles sont les vertus du républicain ?

R. Celles de l'homme libre, l'obéissance aux lois et la ferme résolution de ne faire à autrui que ce qu'on voudrait qu'on nous fît.

D. N'est-il pas une vertu républicaine plus éminente encore et qui n'est pas comprise dans ces deux préceptes ?

R. Oui, c'est la charité, vertu propre à l'homme libre, dont le christianisme *s'est approprié la découverte*, et qui existait à *Athènes*, à *Rome* et à *Lacédémone surtout* et dans toutes les anciennes républiques, *longtemps avant* son institution.

D. Qu'entendez-vous donc par la charité ?

R. J'entends l'empressement d'un citoyen à secourir cordialement tout malheureux, à le soulager dans sa misère et à le consoler dans ses adversités.

. . . .

D. Quelle est la base de l'éducation française ?

R. Ce sont les *Droits de l'homme* et la Constitution.

CHAPITRE VII

But des révolutionnaires de nos jours.

D. Quel est le but des révolutionnaires de nos jours?

R. Il est absolument le même : la destruction de l'Eglise de Jésus-Christ et le rétablissement du paganisme.

D. Comment le prouvez-vous ?

R. Par les proclamations, théories, professions de foi, programmes de fêtes, bulletins, etc., de nos révolutionnaires de 1848, 1871 ;

— Par l'exil du Pape, à Gaète, en 1848, son dépouillement en 1870;

— Par les communards, pétroleurs, qui, en 1871, arrachèrent les crucifix de nos écoles, violèrent les églises, emprisonnèrent et massacrèrent nos prêtres ;

— Par tous ces discours de clubs, ces écrits de la presse révolutionnaire, radicale, franc-maçonne, etc., qui inondent l'Allemagne, la Suisse, le Piémont, la Belgique, la France, l'Amérique, etc.

D. Ont-ils quelque autre secret?

R. Non, avec des figures plus ou moins déguisées, ils se rallient sous le drapeau de celui qui a dit : « Ecrasons l'infâme..... Mentez, mentez, il en reste toujours quelque chose ».

D. Quel est le dernier programme politico-religieux de nos radicaux ?

« R. 1° Suppression du budget des cultes ;

« 2° Retrait de la loi sur l'enseignement supérieur ;

« 3° Réglementation dans le sens révolutionnaire et athée de l'enseignement secondaire ;

« 4° Proclamation de l'enseignement gratuit, laïque et obligatoire dans les écoles communales ;

« 5° Proscription des communautés religieuses ;

« 6° Suppression du culte public ;

« 7° Mise au rancart du mariage religieux ;

« 8° Interdiction plus ou moins déguisée des sépultures ecclésiastiques, au profit des enfouissements civils ;

« 9° Liberté de la presse antireligieuse ;

« 10° Droit illimité de réunion et d'association, toutes les fois que les catholiques ne voudront pas en user ;

« 11° Réforme de l'impôt ;

« 12° Liberté des cabarets et autres lieux de moralisation à l'usage du peuple, ou, plus sommairement :

« Art. 1er. Abolition de tout enseignement religieux;

« Art. 2e. Fermeture de toutes les églises ;

« Art. 3e. Suppression du grand-livre de la dette publique (1) ».

D. N'ont-ils pas imité leurs pères de 93 jusque dans la parodie de nos prières, symbole, etc ?

R. Oui, après avoir essayé d'incendier Notre-Dame de Paris et autres monuments religieux et civils, ils n'ont pas rougi de lancer en face de toute l'Europe ce sinistre manifeste ou parodie sacrilége :

« Salut, Marianne, pleine de grâce, le peuple est avec toi, le fruit de tes entrailles, la république, est béni ! Sainte Marianne, mère du droit, aie pitié de nous, délivre-nous ».

« Vierge Marianne, entends, écoute, exauce nos litanies, nos prières et nos vœux. Asile du banni, liberté du captif, patrimoine du pauvre, famille du paria, espoir de l'affligé, force du faible, foi du mourant, immortalité du mort, rends-nous la France, rends-nous la patrie, rends-nous la répuplique !

« Vierge de la Liberté, délivre-nous des *rois* et des *papes !*

(1) Programme proclamé par Blanqui, Flourens, Pyat, Delescluse, etc., et appliqué par les hommes du 4 septembre 1871.

« Vierge de l'Egalité, délivre-nous des aristocrates !

« Vierge de la Fraternité, délivre-nous des soldats !

« Vierge de la Justice, délivre-nous des juges !

« Vierge de la Vérité, délivre-nous des diplomates !

« Vierge de la Sincérité, délivre-nous des alliances et des conférences !

« Vierge de la Probité, délivre-nous des excellences, des mouchards, du Sénat, des voleurs, du Budget, de l'emprunt, de l'impôt, de la Bourse, de la Banque, du *Grand-Livre,* de la guerre, de la famine, de la peste, de l'Empire et de l'Empereur.

« Vierge du Droit et du Devoir, du Courage et de la Force, vierge de l'Honneur, montre-toi enfin ! Que chacun dise : C'est elle ! Anime-nous, soutiens-nous, combats avec nous ! Il est temps. A cette heure, princes et ambassadeurs, tous ces mangeurs d'hommes sont à table. Le couvert est mis. La carte de l'Europe est leur nappe. Ils se servent les peuples et se découpent les nations. Italie, Pologne, Hongrie, Roumanie, sont les plats chauds partagés par le *lion* qui se réserve la France. Les animaux prennent leur nourriture, surprends-les à la curée, arrache-leur la proie et coupe-leur l'appétit. Marche sur ces monstrueux asticots qui rongent le monde, en le souillant, comme s'il était déjà mort. Sauve la France ! sauve l'humanité ! Donne le signal, sonne le tocsin de février et pousse avec nous notre cri de bataille et de victoire : *Vive la république démocratique et sociale universelle ! Ainsi soit-il !*

« *Le comité de la Commune révolutionnaire,*

« Félix Pyat, Rougée, G. Jourdain ».

D. Connaissez-vous quelque autre chose de ces parodies sacriléges ?

R. Oui, voici les aspirations sataniques du « culte communard » :

LITANIES DU PÉTROLE.

« Liqueur brillante, élixir d'amour, champagne des opprimés, nectar de la canaille, apaisez notre soif.

« Huile de rocher, purifiez-nous.

« Flambeau de l'avenir, éclairez-nous.

« Drapeau de la Commune, conduisez-nous.

« Précurseur de la Révolution, unissez-nous.

« Arme des désarmés, fortifiez-nous.

« Colonne d'affranchissement, soutenez-nous.

« Planche de salut des abandonnés, aidez-nous.

« Empereurs, rois et princes, fonctionnaires et propriétaires, ministres et généraux, capitalistes et usuriers, étouffez-les, pétrole !

« Tous les palais et châteaux ; tous les couvents, églises et casernes ; tous les papes, cardinaux et évêques ; tous les jésuites et prêtres ; tous les moines et les religieuses, brûlez-les, pétrole !

« De l'esclavage et du despotime, des armées et de la loi du sang, délivrez-nous, pétrole !

« Fanal de la Commune, ayez pitié de nous.

« Dieu de le Révolution, écoutez-nous ».

PRIÈRES

Pater pétroleux

« Notre pétrole, qui coulez sous terre, que votre nom soit sanctifié, que votre abondance arrive, vous faites sentir votre parfum et votre force sur la terre aussi bien que sous la terre.

« Donnez-nous aujourd'hui une riche moisson, étouffez nos bourreaux comme nous voudrions le faire nous-mêmes, et ne nous induisez point dans l'abîme, mais délivrez-nous de tout mal. Ainsi soit-il ».

Ave pétroleux

« Je vous salue, huile américaine, baume salutaire; la Commune est avec vous, vous êtes bénie entre toutes les huiles, et le fruit de vos incendies est béni ; précieuse huile étrangère, aidez-nous maintenant et à l'heure du suprême combat. Ainsi soit-il ».

Oraison jaculatoire

« Protégez-moi maintenant, pétrole bien-aimé ! Etouffez mes bourreaux et délivrez-moi (1) ».

D. Mais ne seraient-ce point là de pures forfanteries ?

R. Non, ce sont d'affreux et sinistres manifestes, lancés en plein XIXe siècle, — sans parler de ces otages ignominieusement assassinés, de toutes ces victimes emprisonnées, massacrées. Voici le bilan des incendies de la Commune :

Palais des Tuileries.....	35.000.000 fr.
Palais-Royal	5.000.000
A reporter...	40.000.000 fr.

(1) Extrait d'un journal radical d'Anvers.

Report...	40.000.000 fr.
Louvre	2.000.000
Ministère des finances ...	15.000.000
Palais de justice	5.000.000
Préfecture de police.....	3.000.000
Conciergerie	4.000.000
Conseil d'Etat..........	11.000.000
Légion d'honneur.......	2.000.000
Colonne Vendôme	1.000.000
Gobelins...............	2.000.000
Dépôts et consignations..	5.000.000
Arsenal................	2.000.000
Grenier d'abondance	7.000.000
Caisse de Poissy	3.000.000
Assistance publique	3.000.000
Entrepôts de la Villette..	8.000.000
Maison de M. Thiers	1.000.000
Total.....	114.000.000 fr.

D. Est-ce tout le bilan de la Commune ?

R. Non, il faut ajouter :

Dépenses de la Commune.	52.000.000 fr.
Voirie	2.500.000
Hôtel de Ville et municipalités...............	36.000.000
Eglises	1.000.000
A reporter...	91.500.000

Report...	91.500.000
Casernes................	1.000.000
Théâtres...............	7.000.000
Réparations d'édifices publics................	1.000.000
Réparation des palais et monuments..........	1.000.000
Dépenses de guerre.....	200.000.000
Maisons brûlées........	78.000.000
Maisons endommagées ..	34.000.000
Villages des environs de Paris................	70.000.000
Chemins de fer.........	10.000.000
Commerce et affaires....	200.000.000
Total....	693.500.000 fr.
Palais et monuments incendiés..............	114.000.000
Total général (1)....	807.500.000 fr.

Vous avez bien lu : *Huit cent sept millions, cinq cent mille francs !!!* Pensez-vous qu'il y ait à réfléchir !!!

(1) Extr. du *Figaro*, numéro except. du mois d'octobre 1877.

CHAPITRE VIII

Réconciliation impossible entre l'Eglise et la révolution.

D. Y a-t-il une réconciliation possible entre l'Eglise et la révolution ?

R. Non, le bon sens lui-même nous dit qu'il n'y a *aucune* réconciliation possible, *à aucun degré,* entre la révolution et l'Eglise, pas plus qu'entre la vie et la mort, la lumière et les ténèbres. Ecoutez l'immortel Pie IX : « Le Pape a un ennemi, la révolution ; un ennemi *implacable,* qu'aucun sacrifice ne saurait apaiser, avec lequel *il n'y a point de transaction possible*... » Ecoutez encore le récent manifeste d'une loge italienne : « La révolution n'est possible qu'à une condition, le renversement de la papauté... C'est sur Rome que doivent converger tous les efforts des amis de l'humanité... *Une fois le Pape renversé, tous les trônes tomberont infailliblement* ». « Il est décidé », écrit la *Haute-Vente,* « que nous ne voulons plus de chrétien ». Est-ce clair ?

D. D'où vient cette incompatibilité ou quelle est sa raison ?

R. Parce que l'Eglise proclame les droits

de Dieu, Dieu lui-même, comme principale base, soutien, sanction de l'ordre social, de la moralité humaine, et que la révolution, niant *formellement* Dieu ou en faisant un *Dieu abstrait, une idole d'invention humaine, un composé de l'homme et du monde érigé en Dieu*, fait de l'homme et de ses droits le principe, la base, la sanction de cette même moralité, de l'ordre et du salut des peuples.

D. D'où encore ?

R. Parce que l'Eglise croit à Jésus-Christ, à sa divinité, et que la révolution nie Jésus-Christ et son Eglise.

CHAPITRE IX

Chefs actuels de la révolution. — Sociétés secrètes, Francs-Maçons, etc.

D. Que voyons-nous, de nos jours, à la tête de la révolution ?

R. Les sociétés secrètes : la Franc-Maçonnerie, le solidarisme, l'Internationale, les sociétés bibliques, syndicales et protestantes, les rationalistes et les radicaux de tout calibre.

D. Pourquoi les mettez-vous ensemble ?

R. Parce que, fils du même père, Satan, ils sont frères par leur doctrine ; et ont un même but, celui « de faire sortir en masse de l'Eglise » de Jésus-Christ, par l'apostasie générale des baptêmes, mariages, enterrements, ou enfouissements civils, ou par la force brutale des scélérats de 93 et des communards de 71.

D. Que sont les sociétés secrètes ?

R. Ce sont des associations ténébreuses composées d'hommes de toute nation, de toute langue et de toute religion, qui, sous prétexte de secours mutuels, s'engagent, par d'affreux serments, à la destruction de l'Eglise, des trônes et de la société.

D. Ce ne sont donc pas des associations de mutualité ?

R. Non, ce sont des coalitions de sectaires fanatiques, qui substituent les droits de l'homme aux droits et règne de Dieu, prêchant l'athéisme et le régicide.

D. Comment les accuser d'athéisme, puisque la Franc-Maçonnerie admet Dieu ?

R. Oui, pour ne pas effaroucher les masses, elle admet un Dieu sous le nom de *Grand architecte de l'Univers ;* mais ce Dieu n'est point le Dieu des chrétiens. C'est le Dieu de Voltaire, de Rousseau, de Robespierre, le *Dieu-nature*, c'est-à-dire un être de raison, une pure idéalité. « Les Francs-Maçons », disent leurs écrits et rituels, « sont bien au-dessus de toute croyance en un *dieu quelconque*... » La Franc-Maçonnerie est la négation même de l'élément religieux.., Dieu n'est ni démontré ni démontrable (1).

D. Comment les accuser de régicide, puisque parmi ses adeptes, elle compte les rois et les princes ?

R. Elle reçoit les princes comme des membres à usage de pont, comme des « enseignes magnifiques »... « pour servir de glu aux imbéciles, aux intrigants, aux besoigneux »... « pour couvrir de leur nom, de leur influence les entreprises latentes dirigées contre eux-mêmes ».

D. Mais ces princes sont initiés au secret de la société ?

R. Non, malgré les hautes dignités dont quelquefois on les pare, ils ignorent le vrai secret de la secte et sont toujours dupes ou victimes et souvent les deux à la fois.

(1) *La voix de l'Orient*, (manuel des Francs-Maçons) ; *Monde maçonnique*, nov. 1866 ; *Gazette des Francs-Maçons*, 15 déc. 1866 ; *Rituel maçonnique*. Voyez la précieuse broch., *Les Francs-Maçons*, par Mgr de Ségur ; la *Franc-Maçonnerie*, ou *Révélations d'un Rose-Croix*, Bar-le-Duc, Imprimerie des Célestins, 1877.

D. Mais au moins tous les Maçons *assermentés* connaissent le secret?

R. Non, dans la Franc-Maçonnerie, il y a la maçonnerie *extérieure* et la maçonnerie *occulte*. A la première appartiennent tous les grades inférieurs, voire même les hauts dignitaires, lesquels, quoique initiés, à divers degrés, ne vont pas dans les *arrière-loges*; ce sont des dupes enrégimentées sous une apparence de fraternité, *vraies vaches à lait*..., trompettes retentissantes pour exalter l'ordre..., répéter, aux quatre coins du globe, les mots de ralliement lancés par les grands meneurs contre l'Eglise et la société chrétienne.

A la deuxième appartient la partie militante de l'ordre, c'est-à-dire ceux qui, ayant jeté tout masque, dédaignant les rites et cérémonial des premières initiations, ont pour devise : « Guerre à Dieu, au Christ, à son Eglise, guerre aux rois et à toute puissance qui n'est pas avec nous ».

D. Comment se recrutent-ils?

R. Après « les écoles, surtout les écoles d'adultes, d'orphelinats, si propres à vulgariser la Franc-Maçonnerie », ils ont « des arguments pour toutes les vocations, toutes les intelligences, toutes les classes ».

D. Sont-ils nombreux?

R. Depuis les Robespierre, les Danton, etc., qui en faisaient partie, leur nombre s'est considérablement accru : ils ont des Frères ou agents sur et autour du trône, dans le sénat, la chambre, l'armée, le barreau, dans toutes les administrations, jusque dans nos modestes hameaux (1).

D. Sont-ils bien organisés ?

R. Sous un chef unique et mystérieux, connu seulement de quelques rares adeptes, qui le mettent en rapport soit avec la maçonnerie *extérieure*, soit avec la maçonnerie *occulte*, ils ont leur organisation politique, leur police, leurs armes, etc.

D. Sont-ils puissants ?

R. Ils nous l'apprennent eux-mêmes, quand ils se vantent d'être, depuis un siècle, la cause « de tous les événements politiques de l'Europe », et de toutes les perturbations religieuses du globe. « Encore un siècle », dit un de leurs adeptes (Blumenhagen), « et nous aurons atteint le but si ardemment désiré, et les peuples ne chercheront plus leurs princes que parmi les initiés ».

D. S'occupent-ils des pauvres ?

(1) En 1872, on en comptait seize millions dans l'univers, et dans la France seule, en 1866, il y en avait seize cent mille. Parmi eux, il y a des *Sœurs Maçonnes*, « pour rendre aux

R. Si la Maçonnerie était une institution de bienfaisance, elle n'aurait pas besoin de tous ces secrets, de ce cérémonial grotesque, de cet infâme serment. — Que ceux qui y sont entrés ou seraient tentés d'y entrer, dans l'espoir de quelque secours, connaissent l'esprit de philanthropie maçonnique : « Ne présenter jamais dans l'ordre que des hommes qui peuvent vous présenter la main et non la tendre ». « Le Maçon mendiant est un *génie malfaisant* (1) ».

D. Y a-t-il quelque mal à faire partie de ces sociétés ?

R. Oui, c'est une flagrante immoralité que de s'affilier, *sous serment et sans restriction*, à une société dont on ignore et le but et la doctrine ; aussi toutes ces sociétés sont-elles rigoureusement condamnées par les papes Clément XII, Benoît XIV, Pie VII, Léon XII et Pie IX.

D. Que penser de ceux qui ne voient dans la Franc-Maçonnerie qu'une mutualité de secours, de progrès, de liberté ?

mœurs publiques leur *pureté*, leur *vérité* purgée d'hypocrisie ». Y a-t-il de quoi rire !!! Peu à peu, ils en viendront à l'état sauvage.

(1) Ecrits des F.·. Ragon, Barot, Beurnonville ; *Code des Francs-Maçons*, p. 176 et 177.

R. Qu'ils ne sont pas initiés au secret de la secte ou qu'ils sont de mauvaise foi, et que les uns et les autres contribuent à la double destruction religieuse et sociale.

D. Quel est le symbole des Francs-Maçons ?

R. Le voici : « *Je crois en l'homme* », c'est-à-dire, je ne crois pas en Dieu, ni en sa révélation, mais je crois en l'homme seul, « *l'homme, roi et Dieu* ».

D. Celui des protestants, rationalistes, etc. (1) ?

R. Je crois à *ma raison* : je ne crois pas en Dieu, mais je crois en ma raison, c'est-à-dire, « *la Déesse-Raison* ».

D. Et celui des radicaux, communards, etc.?

R. Je crois dans le nombre, la force brutale, *le Dieu-Hercule, la populace, le « seul souverain »*.

(1) Depuis que les conciles protestants ont proclamé eux-mêmes qu' « il y a impossibilité pour les églises protestantes, formées de membres de *nationalité* et de *confessions différentes*, de recevoir *une confession de foi quelconque* » (extrait du *Chrétien belge*, revue protest., 3e année, nos 9 et 11), on peut confondre les protestants avec les rationalistes.

CHAPITRE X

Plan et moyens de corruption employés par les révolutionnaires.

§ I

Plan.

D. Ces séïdes de l'enfer ont-ils un plan arrêté ?

R. Oui ; afin de mieux tromper et corrompre le peuple, ils se sont organisés en diverses sociétés secrètes, bibliques, syndicales, de compagnonnage, de colportage, etc., etc., et ne cessent d'inonder les villes et les campagnes d'un déluge de bibles *commentées*, c'est-à-dire *travesties*, de revues, de brochures et de journaux de toute sorte.

D. N'ont-ils pas des préférences pour certains âges, lieux, classes de la société ?

R. Oui, ils préfèrent corrompre la jeunesse, et, autant que possible, à Rome. « Laissez », dit la *Haute-Vente*, « la vieillesse et l'âge mûr, allez à la jeunesse, et, s'il est possible, jusqu'à l'enfance, et surtout à celle de Rome, parce que mourir à la place du Peuple à Rome, dans la cité mère du catholicisme, et mourir en Franc-Maçon, *c'est admirable* »,

— Le clergé : « tendez vos filets », dit une instruction secrète, « tendez-les au fond des sacristies, des séminaires et des couvents, et, si vous ne précipitez rien, nous vous promettons une pêche miraculeuse, vous prêcherez une révolution *en tiare et en chape* ».

D. Le projet de corrompre le clergé, et, par le clergé, le peuple, est-il nouveau ?

R. Non, Mirabeau disait : « Une fois remplacés (les bons pasteurs) par le rebut du clergé, par l'opprobre des cloîtres, ces êtres sans foi, sans mœurs, nous aideront à décatholiciser la France plus vite que ne pourraient le faire tous nos décrets ».

§ II

Moyens pour corrompre la jeunesse.

D. Comment entendent-ils corrompre la jeunesse ?

R. Par l'instruction, ou l'école *laïque*, *obligatoire* et *gratuite*.

D. Expliquez-nous ce qu'est cette instruction, ou école ?

R. 1° L'école laïque signifie l'école faite par des laïques, à l'exclusion du prêtre, des religieux et des religieuses ; elle signifie encore celle qui est faite non-seulement sans prêtre, sans religieux et sans religieuses, mais aussi sans *catéchisme*, *sans Dieu*, *sans religion*, et c'est cette dernière école que veulent ces suppôts de l'enfer, pour faire une nation sans Dieu.

2° L'école obligatoire, est celle où le père et la mère sont tenus sous peine d'amende, d'emprisonnement, d'envoyer leurs enfants en classe jusqu'à un certain âge déterminé par la loi.

3° L'école *gratuite* est celle qui est payée par la caisse communale, c'est-à-dire par *tous* les habitants de la commune (1).

D. Que sont les instituteurs, institutrices sans religion, sans Dieu, et qu'est leur école ?

R. Les instituteurs et institutrices sans Dieu sont des empoisonneurs publics de l'enfance, et leur école, un foyer de corruption, une pépinière de mauvais fils, de communards, où les pères et mères de famille ne peuvent point envoyer leurs enfants sans péché grave.

(1) Même par ceux qui ne veulent pas d'école, qui n'ont point d'enfants, ou qui, en ayant, les auront dans les colléges ; ceux-ci paieront deux fois, savoir, à l'école primaire et au collége. La gratuité existant déjà pour ceux qui ne peuvent pas payer, celle des révolutionnaires est un mensonge, et leur école *gratuite obligatoire* un moyen sûr d'asservir au pouvoir tous les droits de Dieu, de l'Eglise, de la famille, de l'individu, et de faire ainsi de la société un troupeau d'hommes liés et menés par l'Etat.

D. Pourquoi l'Eglise est-elle opposée à l'enseignement obligatoire ?

R. Par l'unique raison que les révolutionnaires veulent une instruction *laïque*, c'est-à-dire *sans Dieu*, *sans religion ;* si, au lieu d'être athée, elle était chrétienne, l'Eglise se ferait un devoir de la favoriser.

D. L'Eglise veut-elle exclure des écoles les maîtres laïques ?

R. Non, elle demande que leur enseignement soit chrétien, qu'ils se fassent les auxiliaires dévoués du père de famille et de ses ministres.

D. L'Eglise n'étant pas chargée d'apprendre à lire et à écrire, l'Etat ne peut-il pas donner un enseignement où la religion et l'Eglise ne seraient pour rien ?

R. L'Eglise, ayant *la mission d'enseigner*, doit veiller à ce que ses enfants soient initiés de bonne heure à la science du salut aussi bien qu'aux sciences humaines. Il est de son droit et de son *devoir* de veiller à ce que l'enseignement de la famille et celui de l'école soient unis et subordonnés au sien.

D. Mais n'est-ce pas au prêtre d'enseigner la religion ?

R. Oui, à lui appartient l'enseignement *officiel ;* mais c'est le devoir du père de famille et *de son représentant*, le maître d'école, d'être les aides efficaces et subordonnés du prêtre.

D. Donc partout l'Eglise ?

R. Oui, comme Jésus-Christ dont elle est l'envoyée, l'Eglise a droit d'entrée partout, *et partout elle est chez elle.*

D. A quoi faut-il attribuer l'abaissement moral qui désole notre pauvre France ?

R. En grande partie à l'enseignement indifférent ou irréligieux de nos écoles primaires, des colléges, etc. Il en conviendrait, le vieux sceptique Frédéric, roi de Prusse, qui établit dans son royaume que « *les enfants ne pourraient quitter l'école avant d'être instruits des principes essentiels du christianisme* ».

§ III

Moyens pour corrompre le peuple.

D. Comment les révolutionnaires entendent-ils tromper et corrompre le peuple ?

R. Par un déluge de revues, de brochures bibliques, scientifiques, philosophiques, historiques, etc., qui, au fond, n'ont d'autre but que d'attaquer la révélation, l'Eglise, ses institutions, sa hiérarchie, la société et la famille, dans leurs principes les plus sacrés ; — par une multitude de feuilles détestables, qui ne cessent de mentir et de calomnier, « afin de dépopulariser la prêtraille » et de « déchristianiser l'Europe ».

D. Quel est le devoir de tout catholique en face de mille quatre cents ou mille cinq cents journaux qui, chaque jour, sortent des presses de l'Europe ?

R. 1° Celui de ne fournir jamais ni argent, ni concours d'aucune sorte, à une société dont la doctrine et le but ne seraient pas chrétiens ou tout au moins irréprochables ;

2° De lire et de propager, par tous les moyens honnêtes, les bons ouvrages et les bons journaux.

§ IV

Moyens employés aux époques d'élections. — Intervention du clergé.

D. N'y a-t-il pas des époques où la presse se livre à un vrai dévergondage ?

R. Oui, ce sont les époques d'élections : alors chacun, quelquefois à visage découvert, mais le plus souvent sous le voile de l'anonyme, se fait le détracteur, le calomniateur de ses frères, et trouve toujours des journaux qui consentent à publier ses mensonges.

D. Qui sont, après les grands meneurs de la presse, les oracles ou de l'opinion dans ces moments-là ?

R. Ce sont les fonctionnaires révoqués ou sans places, les avocats, notaires, médecins sans clients ; tous les exaltés, brouillons, mauvaises têtes, les expulsés de colléges, les aubergistes, ménétriers, ivrognes, mauvais sujets, gens de sac et de corde, dont la devise est celle-ci : *Ote-toi de là, que je m'y mette.*

D. Contre qui parlent-ils ?

R. Contre tous les supérieurs légitimes, les conservateurs et honnêtes gens, qu'ils désignent sous le nom — à leur sens injurieux — de *cléricaux,* contre les prêtres, qu'ils dénoncent au peuple comme ses ennemis, les ennemis du progrès, de la liberté, gens dangereux, désireux de la *dîme,* etc., etc.

D. Dans cet enfantement tumultueux du suffrage ou « mensonge universel », est-il permis aux évêques et aux prêtres d'élever la voix ?

R. Les *libres-penseurs* ne le veulent pas. Pendant qu'ils discutent sur les destinées de la société, de l'ordre public, et partant de l'Eglise, ils entendent reléguer pieusement les évêques et les prêtres au fond de leurs sacristies ; mais ceux-ci sauront — dans la mesure de la charité et de la prudence chrétiennes — rester, comme toujours, fidèles à l'Eglise, dont ils sont les représentants, et aux devoirs impérieux que la société leur impose.

D. Mais pourquoi le clergé doit-il s'occuper de politique ?

R. 1° Parce que, composé d'hommes, ayant leurs personnes, leurs biens, leurs familles, leurs intérêts, il a à les surveiller, à les protéger contre une politique, un gouvernement qui les atteint aussi bien que cent autres citoyens ;

2° Parce qu'étant, pour le moins, aussi éclairé que tout autre corps de la société, il ne doit, ni il ne peut en être banni, ni condamné à un honteux ostracisme, où il serait l'objet du mépris général ;

3° Parce qu'enfin les grandes questions de notre pauvre siècle étant d'incessantes attaques contre l'Eglise, le clergé ne peut ni ne doit rester indifférent à l'assaut général, mais doit défendre les droits de l'Eglise, affirmer hautement ses convictions.

D. N'y a-t-il pas des époques où surtout son intervention est réclamée et son inaction condamnée ?

R. Oui, ce sont les époques des grandes élections législatives ; d'elles sortent les chambres, un gouvernement hostiles ou favorables aux intérêts de l'Eglise, de la société ; il doit, toute question de parti mise de côté, montrer prudemment les obligations et les conséquences du suffrage universel, ce souverain moderne, et, dans la mesure du possible, diriger les votes de façon à protéger les intérêts de l'Eglise, de la société, de la famille.

§ V

Obligation de voter. — Devoir de tout électeur chrétien.

D. Y a-t-il obligation de voter, ou peut-on s'en abstenir ?

R. On ne peut sans crime contre l'Eglise et la patrie s'abstenir de voter, parce que, comme dit un prélat français, « s'abstenir, c'est omettre un acte auquel se rattachent les plus graves conséquences ».

D. Pourquoi l'obligation de voter est-elle si grave ?

R. 1° Parce que des votes dépend l'arrivée ou le maintien au pouvoir des hommes favorables ou funestes à l'ordre, à la paix, à la vraie liberté, à la sécurité de l'Eglise, de l'Etat et de la famille ;

2° Parce que jamais il n'est permis d'entraver le bien et d'encourager le mal.

D. Mais celui qui ne vote pas, ne fait ni bien ni mal ?

R. Celui, qui s'isole ainsi, quand la religion est attaquée, quand les questions les plus fondamentales de la société, de la famille sont en jeu, paralyse l'action des bons citoyens, favorise celle des mauvais, c'est-à-dire empêche le bien et encourage le mal (1)

D. Quels sont les devoirs d'un électeur chrétien ?

R. Se rappelant que, dans toute élection, sont en jeu les intérêts matériels et religieux de la commune, de l'arrondissement, du département, de l'Etat et de l'Eglise — surtout quand on élit des députés et des sénateurs, — il ne perdra jamais de vue : 1° qu'il ne doit pas être indifférent à un vote dont Dieu lui demandera compte ; 2° qu'il est obligé de voter pour le candidat le plus digne, savoir celui qui est, non pour *la religion en général*, mais

(1) Qu'on ne dise pas que l'ennemi est trop puissant..., qu'une voix ne fait rien... Est-ce que l'agriculteur abandonne ses champs, parce que la grêle a dévasté ses récoltes? Qui ignore *qu'une seule* voix *contestée* a suffi pour donner, le 20 février 1875, à la France un gouvernement républicain, et *cinq* voix, sous l'influence des loges, pour condamer à mort Louis XVI ?

pour l'Eglise de Jésus-Christ en particulier; 3° que, dans le doute, il est tenu en conscience de consulter les personnes sérieuses et sincèrement catholiques, d'agir sans peur, et de suivre fidèlement l'avis qui lui sera donné.

D. Que faire s'il n'y a que des candidats hostiles à l'Eglise ou partisans des doctrines antisociales?

R. Comme il n'est jamais permis de participer à une action mauvaise, un électeur chrétien ne peut, en conscience, confier ni les intérêts de l'Eglise ni ceux de la patrie aux candidats qu'il sait en être les adversaires; son devoir alors — s'il n'a pas été possible de trouver un candidat digne et capable — est de déposer dans l'urne un nom honorable quelconque. Ce suffrage sera à la fois une protestation d'honnêteté et une voix enlevée à la cause ou aux candidats révolutionnaires, qui, presque toujours, bénéficient de la pure abstention (1).

(1) D'après la constitution actuelle, tous les conseillers municipaux, tous les conseillers d'arrondissement, de département, tous les députés, sénateurs, jusqu'au président de la République lui-même doivent sortir du suffrage universel. — La politique du suffrage universel, basée sur un principe révolutionnaire, est un *système* de gouvernement à peu près aussi sage que le système d'un jardinier qui, chaque matin, arracherait ses plantes pour voir si elles poussent.

CHAPITRE XI

Thèmes ordinaires et préférés de la presse révolutionnaire.

D. Quels sont les thèmes ordinaires et préférés de la presse révolutionnaire ?

R. Ce sont les « *immortels principes de 89* ».

D. Où sont ces fameux principes ?

R. Ce sont ceux formulés en divers articles par l'Assemblée constituante, et appelés « *les droits de l'homme* (1) ».

D. Que pensez-vous de l'ensemble de ces articles ?

R. Qu'ils sont dominés par le principe révolutionnaire de l'indépendance *absolue* du peuple, et qu'un catholique ne peut pas les admettre *tous*, à cause, précisément, de ce principe affreux qui substitue l'homme, le peuple, à Dieu, à son Eglise.

D. Etes-vous sûr que l'esprit qui les a dictés est révolutionnaire ?

R. Oui, et révolutionnaire au premier chef; il n'y a qu'à se rappeler quels sont les scélérats qui les ont formulés, et ceux qui, de nos jours,

(1) Voyez-les plus haut, à la page 13.

les invoquent contre l'Eglise; enfin la condamnation du pape Pie VI, qui les a déclarés contraires à la religion et à la société (1).

D. Mais ils ont été promulgués « *sous les auspices de l'Etre Suprême ?* »

R. Oui, d'un dieu *abstrait,* d'une espèce d'idole, pure invention humaine, mais non sous les auspices du Dieu véritable, du Dieu des chrétiens.

D. A combien se réduisent ces immortels principes ?

R. A cinq, savoir : la séparation de l'Eglise et de l'Etat, la souveraineté absolue du peuple ou de la loi humaine, liberté, égalité.

§ I

De la séparation de l'Eglise et de l'Etat.

D. Qu'est-ce que la séparation de l'Eglise et de l'Etat dans le sens révolutionnaire ?

R. C'est mettre l'Eglise hors de la société, la refouler au fond des sacristies ou dans les catacombes et établir un pouvoir civil, « maître absolu de la terre par la propriété, de l'intelligence par la doctrine, et de la volonté par la loi ». En d'autres termes, c'est substituer le

(1) Bref du 23 avril 1791.

règne absolu de l'homme, du peuple, à celui de Dieu.

D. Pourquoi ne peut-on pas séparer l'Eglise de l'Etat ?

R. Parce que l'homme ne peut séparer ce que Dieu a uni.

D. Ces deux pouvoirs doivent donc être unis ?

R. Oui, et « cette union », dit le pape Grégoire XVI (1), « a toujours été salutaire aux intérêts de la société religieuse et de la société civile ». L'antiquité réunit ces deux pouvoirs dans la même main, et aujourd'hui encore ils finissent par là dans les nations d'où l'Eglise de Jésus-Christ a été bannie.

D. Quelle doit être cette union ?

R. Elle doit être distincte, sans confusion, et subordonnée à l'Eglise.

D. Cette union ne sort-elle pas de la nature des deux pouvoirs, comme aussi cette *subordination* de leurs *fins*.

R. Oui, Jésus-Christ, auteur de la nature et de la grâce, c'est-à-dire des biens temporels et spirituels, a donné distinctement à ces deux sociétés ces deux sortes de biens, dont ne peut se passer l'homme, composé de corps et d'âme.

(1) Encyclique *Mirari*.

— L'Eglise donne les biens spirituels à l'Etat, qui en a besoin pour lui-même, afin de se conserver, se perfectionner en se christianisant, et pour ses sujets, afin qu'ils sauvent leurs âmes.

— L'Etat, chargé de la propriété temporelle, de l'ordre extérieur, donne les biens temporels à l'Eglise, qui — société composée d'hommes assujétis aux besoins d'une vie terrestre — ne peut s'en passer.

D. Jésus-Christ est-il le chef des deux sociétés ?

R. Sans contredit, puisqu'il est Dieu ; et voilà pourquoi ces deux pouvoirs ne peuvent être séparés, pas plus que le corps et l'âme, la nature et la grâce.

D. L'Eglise n'est-elle pas une société spirituelle ?

R. Oui, mais non *purement* spirituelle : venue du ciel, elle relie les âmes à Dieu ; mais, ayant à accomplir cette mission divine et spirituelle *près* des *hommes* et *par* des *hommes*, elle a nécessairement un côté *terrestre*, *visible*, sans lequel elle ne peut ni faire rendre à Dieu le culte dû par l'homme, ni enseigner à celui-ci les volontés de Dieu.

D. Mais pourquoi faut-il que l'Etat soit subordonné à l'Eglise ?

R. Parce que Dieu, « de qui vient toute autorité », ayant établi la famille avec l'autorité paternelle, l'Etat avec le pouvoir public et l'Eglise avec le pouvoir spirituel, a constitué *celle-ci* pour que seule, et de *droit divin*, elle ait à « *enseigner* » infailliblement les individus et les *nations*, à les diriger dans la voie de la vérité, de la foi et de la grâce.

D. Pourquoi encore ?

R. Parce que, le degré de supériorité d'un pouvoir se mesurant sur le but final, il est de toute évidence que l'Eglise, seule chargée du bien et salut *éternels*, est au-dessus de l'Etat chargé du bien *temporel*, comme l'Etat est supérieur à la famille, en ce sens que celle-ci doit subordonner son bien *temporel* PARTICULIER au bien *temporel* GÉNÉRAL de l'autre.

D. Mais n'est-ce pas l'absorption de l'Etat par l'Eglise ?

R. Non : l'Eglise, en dirigeant l'Etat dans la voie du salut éternel des âmes, ne l'absorbe point, pas plus qu'elle n'absorbe la famille ; tout en lui *enseignant ses devoirs religieux*, elle le laisse libre dans la poursuite de la prospérité temporelle de ses sujets.

D. Mais est-ce que le pouvoir civil laïque a des devoirs religieux ?

R. Sans nul doute, et c'est une doctrine

révolutionnaire que de faire de l'Etat un pouvoir athée ou indifférent à tout acte religieux. — Dieu, en le chargeant directement des biens temporels de ses sujets, ne l'a pas soustrait au *devoir*, à l'*obligation* de faciliter le bien spirituel à ces mêmes sujets qui sont corps et *âmes*.

D. Le pouvoir civil ne reçoit-il pas quelque avantage du pouvoir religieux ?

R. Oui, l'*autorité seule* de l'Eglise ou de son chef peut conserver les droits temporels des peuples et des rois, maintenir un droit égal pour tous, en défendant les faibles contre les forts. *Elle* méconnue, reste le principe : « *La force prime le droit* ».

D. N'y a-t-il pas des catholiques (libéraux) qui, admettant sincèrement les droits de l'Eglise dans l'ordre spirituel, regrettent l'union et la subordination des deux pouvoirs civil et spirituel ?

R. Oui, et, en rejettant Jésus-Christ, son règne social, c'est-à-dire tout droit divin de l'ordre politique, ils assimilent l'Etat chrétien aux nations infidèles ; de plus, vu la faiblesse de la nature humaine qui, depuis sa chute, a besoin des secours divins, ils prêtent la main à la révolution. Jésus-Christ leur dit : « *Qui n'est pas avec moi est contre moi* ».

D. Faut-il leur tenir compte de leurs bonnes intentions ?

R. Leurs intentions sont inutiles et les conséquences de leurs principes les mènent, bon gré malgré, à conclure et à dire avec la révolution : Les biens temporels sont à nous, Etat ! Cléricaux, gardez la prière, les sacrements, la foi, la sacristie ! A nous les écoles, les hospices, voire même les naissances, les mariages, les enfouissements ! A vous le ciel ! à nous la terre !!!

D. Que pensez-vous de la formule : l'Eglise libre, dans l'Etat libre ?

R. Que c'est là une formule de la séparation de l'Eglise et de l'Etat, inventée d'abord par des catholiques libéraux, puis adoptée avec furie par tous les ennemis et persécuteurs de l'Eglise : ce qui devrait suffire, pour faire ouvrir les yeux aux moins clairvoyants sur son orthodoxie, quand même l'Eglise ne l'aurait pas condamnée.

§ II

De la souveraineté absolue du peuple.

D. Le peuple, est-ce l'émeute qui hurle dans la rue et renverse les trônes ?

R. Non, c'est la nation entière avec toutes

les forces et qualités nécessaires pour exprimer, constituer et représenter librement, légitimement ses droits.

D. Qu'est-ce que la souveraineté ?

R. C'est le droit et le pouvoir d'obliger et d'imposer des devoirs.

D. Combien y en a-t-il ?

R. Deux : l'une *absolue*, c'est l'attribut de Dieu seul, l'autre *relative, finie*, que Dieu, source et principe de toute autorité, a déposée dans le peuple, c'est-à-dire dans la nation entière, et qui, indéterminée dans *sa forme*, passe par l'intermédiaire de la nation entre les mains d'un chef héréditaire ou électif.

D. Mais alors la souveraineté dépend du peuple ?

R. *Oui*, quant *à la forme*, qui est humaine, parce que Dieu n'a rien déterminé à cet égard ; *non*, quant au *principe* ou à l'essence, qui est divine et ne dépend ni du peuple ni du souverain (1).

D. Est-ce que le peuple qui a fait son souverain ne peut pas le défaire ?

R. Non, le peuple est *lié* par une obligation

(1) Le peuple choisit le *sujet* de la souveraineté, détermine la *forme* de celle-ci ; mais la souveraineté elle-même, c'est-à-dire le *droit* de commander aux autres, le *pouvoir* de leur imposer des devoirs vient de Dieu.

divine vis-à-vis de son souverain, comme celui-ci vis-à-vis du peuple.

D. Il ne pourra donc jamais se défaire d'un despote ou d'un prince qui le mène à sa ruine ?

R. Ces cas sont très-rares, et alors c'est à l'Église — par son chef suprême, seul juge assez intègre, seul investi d'une autorité au-dessus des peuples et des rois — à décider entre les parties intéressées.

D. Mais c'est revenir au moyen âge ?

R. C'est revenir à une politique, laquelle, abandonnée, tous les différends entre les peuples et les rois sont et seront réglés par la loi du plus fort, à coups de canon et de mitraille.

D. Mais cette politique n'est bonne que pour les nations catholiques ?

R. Oui, comme le soleil ne profite non plus qu'à ceux qui ne se dérobent pas à ses rayons bienfaisants : il faut en conclure que toutes les nations appelées au bercail de Jésus-Christ doivent y entrer.

D. Quelle différence mettez-vous entre le principe révolutionnaire et le principe catholique ?

R. Une immense : le principe ou école révolutionnaire fait du peuple, c'est-à-dire de la *populace*, de la *force brutale*, le principe et le juge absolus de la souveraineté et rejette Dieu, son Eglise ; — l'école ou principe catholique, au contraire, rejette l'autorité de la populace, reconnaît Dieu comme source unique de toute autorité, et l'Eglise, comme juge et modérateur des peuples et des rois.

D. Est-ce le nom et la forme qui font qu'un gouvernement est révolutionnaire ?

R. Non, pas plus que l'habit ne fait le moine : ce sont les principes qu'il prend ou rejette comme règle de sa conduite.

D. Une république peut donc être catholique ?

R. Oui, sans doute, si ses principes sont tels : mais une trop malheureuse expérience (1793, 1848, 1871) a prouvé que cette forme de gouvernement, *préférée et vantée par les révolutionnaires*, finit toujours par l'anarchie ou le despotisme. « L'histoire prouve », dit un homme non suspect (Thiers), « qu'en France, la République tourne toujours au sang ou à l'imbécillité ».

D. On peut donc être honnête homme quoique républicain ?

R. Parfaitement ; mais, s'il n'est pas vrai de dire que tous les républicains sont des fripons, il est sûr que tous les fripons sont républicains. « Les républicains de bonne foi », disait Napoléon Ier, « sont des sots, et les autres des intrigants ».

D. Mais Notre-Seigneur Jésus-Christ lui-même était républicain, puisqu'il a prêché la fraternité ?

R. Tout en recommandant la *charité fraternelle*, Notre-Seigneur a reconnu l'autorité de César, et, dans la constitution de l'Eglise, il s'est montré monarchiste tempéré ; dans la famille, il a mis, à côté du père, la mère, autorité secondaire ; et dans l'Eglise, à côté du Pape, l'épiscopat.

§ III

De la souveraineté de la loi.

D. Qu'est-ce que la loi, telle que les révolutionnaires l'enseignent ?

R. C'est l'expression « *de la volonté générale* ».

D. Mais la loi n'est-elle pas l'expression de la volonté du peuple, ou de ses représentants, ou enfin du chef de l'Etat ?

R. Non, si cela suffisait, la loi pourrait sortir de la volonté sans frein, sans contrôle d'un homme armé du pouvoir public, c'est-à-dire du *Césarisme*, ou du suffrage universel, c'est-à-dire « *du mensonge universel* ».

D. Qu'est-ce donc qu'une loi ?

R. C'est un précepte général, *juste*, permanent, publié, dans l'intérêt de la société, par un supérieur *légitime*, ou, plus brièvement, c'est l'expression de la volonté *juste*, *honnête* d'un supérieur *légitime*.

D. Quels sont nos supérieurs ?

R. Dieu, et par irradiation ou participation de son autorité, ses représentants, savoir : — dans l'Eglise, le pape, les évêques, — dans la société civile, le souverain légitime, — dans la famille, le père ; *tous* subordonnés les uns aux autres, comme les trois ordres, dont ils sont les chefs.

D. Quand est-ce que leurs volontés ou leurs expressions sont *justes* et *honnêtes ?*

R. Quand elles sont conformes à la volonté de Dieu, c'est-à-dire à la loi *naturelle* et *divine*.

D. Qu'est-ce que toute loi qui s'écarte de cette double règle ?

R. C'est une loi inique, un acte de violence.

D. La loi ne doit donc ordonner rien qui soit contraire à la volonté de Dieu, aux enseignements de l'Eglise ?

R. Non, toutes les autorités étant de Dieu et subordonnées les unes aux autres, dans l'ordre établi par lui, il faut que leurs lois aussi soient subordonnées et conformes à la loi de Dieu (1).

D. Pourquoi les révolutionnaires parlent-ils si souvent de la *légalité*, du respect de la loi en général, etc. ?

R. C'est afin de nous lancer, de nous lier dans l'athéisme social et légal, comme s'il n'y avait pas de Dieu et que Jésus-Christ ne fût point venu. Le *peuple* est Dieu, et la *loi* est « son prophète ! ! ! » « *le peuple est la loi ! ! !* » Telle est leur devise : Perfidie sacrilége ! ! !

D. Que faire donc quand la loi humaine est en opposition avec la loi divine ou ecclésiastique ?

R. « Il vaut mieux obéir à Dieu qu'aux hommes ».

D. Mais n'y a-t-il pas une morale *indépendante ?*

(1) « La loi éternelle étant la raison du gouvernement qui existe dans le Chef suprême, il faut que toutes les raisons de gouvernement qui existent dans les chefs inférieurs viennent de la loi éternelle... Ainsi toutes les lois découlent donc de la loi éternelle, selon qu'elles participent à la droite raison ». (Saint Thomas, 1re part., quest. XCIII, art. 3.) Vouloir faire sortir une loi en général, du nombre ou de la majorité, comme le veulent nos révolutionnaires, c'est violer : 1° cette loi éternelle, immuable, fondée dans la nature même des choses ; 2° celles positives de la religion révélée, pour faire de la religion, de la morale, de la justice, de toute autorité une affaire de *pression*, d'intrigues, d'intérêt personnel.

R. Oui, et dans la bouche du révolutionnaire qui n'admet ni Dieu ni Eglise, c'est-à-dire ni législateur ni sanction divine, cette morale est une règle de mœurs, que chacun fait ou défait, selon son caprice, son intérêt, sa passion. Née du principe révolutionnaire que l'homme ne dépend que *de lui-même*, cette morale a pour lois celles de la *force brutale*, ou du *nombre*; pour sanction le *bagne*, et pour *saints* les scélérats de 93 et de 71.

D. Mais alors, dites-nous ce que c'est que la morale chrétienne?

R. C'est la règle des devoirs que l'homme, d'après l'enseignement *de Dieu lui-même et de son Eglise*, doit à Dieu, à son prochain et à lui-même.

§ IV

De la liberté

D. Toute liberté est-elle bonne?

R. Non, il y a liberté et liberté, comme il y a loi et loi, république et république.

D. Qu'est-ce que la liberté pour le révolutionnaire?

R. C'est un *permis*, un *laisser-faire* illimité de pensées, de paroles et d'actions.

D. Combien de sortes de libertés renferme ce permis illimité du révolutionnaire?

R. Selon la nuance *rosée* ou *écarlate* de ce dernier, il en renferme deux, savoir : 1° celle de faire, avec *égale* protection, *égal* droit, le bien et le mal ; 2° celle de ne faire que le mal, en entravant le bien.

D. *Doit*-on ou peut-on accorder aucune protection directe au mal, à l'erreur ?

R. Non, l'erreur, le mal, n'ont aucun *droit*, on ne leur *doit* rien, et, de plus, on ne peut leur accorder une protection directe.

D. On ne peut donc pas les tolérer ?

R. Il y a une différence énorme entre *protection directe* et *tolérance ;* comme il y en a une essentielle entre *tolérance doctrinale* et *tolérance civile*.

D. Quelle différence ?

R. Protéger l'erreur, l'hérésie, le mal, c'est y *coopérer ;* tolérer, c'est s'y *montrer indifférent*.

D. Mais au moins est-il permis de les tolérer ?

R. Non, il n'est point permis *d'être indifférent* à l'erreur, au mal ; — ou on veut les tolérer, en occurence avec la vérité, avec le bien, et c'est la *tolérance doctrinale*, l'indifférence *raisonnée* en matière de religion, la liberté de conscience..., des cultes..., de la presse..., condamnées avec énergie par l'Eglise, et dernièrement encore par les papes Grégoire XVI et Pie IX (1) ; — ou on veut les tolérer aux dépens du bien, de la foi ; et c'est *la licence*, la *persécution.*

D. Mais vous détruisez tous ceux qui ne professent pas le symbole catholique ?

R. Non, si la tolérance *doctrinale* est condamnée, la tolérance *civile,* qui n'est que la charité fraternelle, ne l'est pas : « Si la religion proscrit les erreurs, parce qu'elle est *vérité*, elle nous apprend à supporter les errants, parce qu'elle est *charité* (2) ». — *Interficite errores ; diligite homines.* (Saint Augustin.)

D. Un prince catholique peut-il se montrer indifférent au bien et au mal, accorder une protection égale à la foi et à l'hérésie ?

R. Non, il ne peut ni être indifférent au bien et au mal, ni protéger directement l'erreur et l'hérésie, ni même leur accorder une protection *directe* et *égale ;* mais il peut — *par des nécessités de fait, de transition*, et non par *principe d'égalité de droits* — les tolérer, les défendre contre la violence ; mais son *devoir* est d'extirper l'erreur et les abus, le mieux possible et le plus tôt possible.

(1) Encycl. *Mirari*, 15 août 1832. — *Qui pluribus*, 9 novembre 1846. — *Quanto conficiamur*, 17 août 1863, etc..

(2) *Du Voisin*. Essai sur la tolérance.

D. Pourquoi?

R. Parce que — 1° il répugne à la foi et au bon sens de croire que le Christ et Satan ont les mêmes droits; — 2° l'autorité lui a été donnée non-seulement pour le bien temporel, mais « surtout pour la protection... la défense de l'Eglise (1) ». *Non enim sine causa gladium portat; Dei enim minister est in bonum; vindex in iram ei qui malum agit* (2).

D. N'y a-t-il pas des catholiques (libéraux) bien intentionnés, qui admettent, comme *principe*, la liberté de faire le bien et le mal, la reconnaissance et une protection *égales* de tous les cultes..., la sécularisation complète de l'Etat, etc.?

R. Oui, dans l'espoir que le bien triomphera, ils veulent — non comme *nécessité de fait*, mais comme *principe* — mettre le bien avec le mal, l'erreur avec la vérité, la foi avec l'hérésie, dans un champ clos sous la protection égale d'un prince qui ne croit ni à l'un ni à l'autre.

D. Que pensez-vous de cette doctrine?

R. Que ces catholiques oublient la corruption originelle de notre pauvre nature, qu'ils admettent, dans l'Eglise, une doctrine

(1) Grégoire XVI, Pie IX. (Encycl. de 1832 et 1846.)
(2) Rom., XII.

qu'ils n'admettraient pas dans leurs familles, enfin que cette doctrine, condamnée plusieurs fois (1), de conséquence en conséquence aboutit à la ruine et à la négation de toute société.

D. Qu'est-ce que la liberté chrétienne ?

R. C'est le pouvoir « d'exercer ses droits, de remplir ses devoirs envers Dieu, envers la société religieuse, civile et domestique, sans entraves ou avec le moins possible ».

§ V

De l'égalité.

D. Qu'est-ce que l'égalité chrétienne ?

R. C'est que, maîtres et serviteurs, pauvres et riches, petits et grands, enfants du même Dieu, rachetés par le même Jésus-Christ, nous sommes liés par les mêmes devoirs, voués aux mêmes épreuves et assignés au même tribunal.

D. Qu'est-ce que l'égalité révolutionnaire ?

R. Il y en a deux : l'une radicale, c'est l'abolition de tous les droits acquis, de toutes les autorités, de la hiérarchie sociale, le nivellement absolu de toutes les conditions, au profit

(1) Encycl. *Mirari,* et Pie IX, *pluries.*

du *socialisme*, du *communisme*, de l'*anarchie*.

D. Quelle est la seconde?

R. Que tous les hommes sont égaux devant la loi.

D. Mais cette dernière égalité n'est-elle pas juste ?

R. Oui, à la condition de ne point exiger des hommes des services incompatibles avec nos devoirs envers Dieu et l'Eglise, c'est-à-dire de respecter les *immunités ecclésiastiques*.

D. Qu'entendez-vous par ces immunités ecclésiastiques ?

R. C'est l'exemption de certaines charges accordée à certains lieux, à certaines personnes et aux biens ecclésiastiques, comme étant la *propriété exclusive* de Dieu : par exemple le droit d'asile attaché aux églises, l'exemption du service militaire pour le clergé séculier et régulier, l'exemption d'impôts pour les biens ecclésiastiques, etc.

D. Mais ce sont là des priviléges purement facultatifs ?

R. Non, il est certain que, quant *au principe*, ils sont d'institution divine, et l'Eglise frappe d'excommunication leurs audacieux violateurs.

D. Est-il vrai que ces immunités n'existent que depuis Constantin ?

R. Non, l'histoire nous enseigne que, dans les religions fausses, comme dans la vraie, sous les gouvernements païens, comme sous les princes chrétiens, il y a eu *toujours* des immunités pour les ministres de la religion.

D. N'y a-t-il pas eu et n'y a-t-il pas encore des immunités autres que celles ecclésiastiques ?

R. Oui, *de fait*, il y a eu et il y aura toujours des immunités *civiles*, comme, par exemple, pour des princes, sénateurs, militaires et autres hauts personnages.

D. Quand est-ce qu'on a commencé à supprimer ces immunités ecclésiastiques?

R. A la révolution libérale de 89, mère de celle radicale et athée de 93.

CHAPITRE XII

Gros mots ou vieilles rengaînes de la presse révolutionnaire : cléricalisme, ultramontanisme, jésuitisme, obscurantisme, politique rétrograde, de réaction, esprit moderne (libéralisme), Syllabus, etc.

D. Les journaux révolutionnaires ne parlent-ils que des principes de 89 ?

R. Parmi mille erreurs et sophismes, pour égarer l'esprit du peuple, ils ont de grands mots, de vieilles rengaînes, qui sans cesse reviennent sous leurs plumes. Ce sont : le *cléricalisme*, l'*ultramontanisme*, le *jésuitisme*, l'*obscurantisme*, la *politique rétrograde*, *de réaction*, etc.

D. Que signifient ces mots dans leurs écrits ?

R. Ce sont des mots *hypocrites*, par lesquels, tout en ayant l'air de respecter une religion *vague*, *abstraite*, ils entendent désigner et dénigrer le catholicisme, en le représentant comme ennemi de la liberté, de la civilisation, du progrès moderne (1).

D. Est-il vrai que le catholicisme soit ennemi de la civilisation, un péril social, etc.?

R. C'est un blasphème contre la vérité et l'histoire : le catholicisme a sauvé le monde des hontes du paganisme, apprivoisé les barbares, fait le bonheur de l'humanité par ses dogmes, ses sacrements, ses ministres, et n'a

(1) « Il est désormais convenu », dit le cardinal Guibert, archevêque de Paris, « que les qualifications de *cléricaux* et d'*ultramontains* ne désignent pas des catégories dans l'Eglise, mais tout l'ensemble de la société catholique de notre pays, évêques, prêtres, fidèles... » Lettre de Son Eminence, adressée le 9 mai 1877 à M. le garde des sceaux, au sujet de l'ordre du jour du 4 mai 1877.

jamais été contre la liberté bien entendue, le progrès honnête. « Douter de la vérité de la « religion », dit Montesquieu, « c'est un atten- « tat social ; la religion est le *bien* du *peuple* et « de l'*Etat* ». « Chose admirable, la religion « chrétienne qui semble n'avoir d'autre but « que notre bonheur dans l'autre vie, assure « encore notre félicité sur cette terre (1) ».

D. Qu'est-ce que le cléricalisme, le parti clérical ?

R. C'est le sacerdoce de Jésus-Christ chargé de la sanctification des âmes par la prédication de l'Evangile et l'administration des sacrements.

D. Qu'est-ce qu'il demande ?

R. Un peu de place au soleil de la liberté, d'accomplir sa mission divine , répondant comme les apôtres aux pouvoirs civils, qui les lui refusent : « Il vaut mieux obéir à Dieu qu'aux hommes ».

D. Mais « le cléricalisme » ou les prêtres sont « l'ennemi » du peuple ?

R. Si, en laissant l'histoire du passé si fécond en preuves du contraire, vous interrogez , autour de vous, ces crèches, ces écoles, ces œuvres d'apprentis, ces sociétés de patronage,

(1) *Esprit des lois*, 24, III.

ces cercles catholiques, ces confréries de Saint-Vincent-de-Paul, ces asiles de vieillards, dont ils sont l'âme, ces mansardes, ces chaumières, ces obscurs réduits, ces noirs cachots, dont ils sont les anges consolateurs, ces besoigneux de nos pauvres paroisses de campagne, ces affamés spirituels et corporels des rives les plus inhospitalières du globe, on vous dira : *Non*, mille fois *non !!!*

Si vous interrogez tous les révolutionnaires, communards, pétroleux, gens tarés, ivrognes, malfaiteurs, enfin tous les *Sans-Dieu*, on vous hurlera : *Oui !* Qui croirez-vous ?... franchement si vous hésitez vous n'êtes pas fort.

D. Qu'est-ce que l'ultramontanisme ?

R. C'est une doctrine théologique qui consiste à prendre, pour règle de sa foi, la foi de l'Eglise romaine, mère et maîtresse de toutes les autres églises.

D. Pourquoi l'appelle-t-on ultramontanisme ?

R. Parce que cette doctrine, quoique répandue dans toute l'Eglise, avait son principal centre doctrinal et ses défenseurs en Italie, c'est-à-dire au delà des montagnes des Alpes *(ultramontani)*.

D. Qu'est-ce que le gallicanisme ?

R. *C'était* une opinion théologique de récente date, opposée à l'ultramontanisme et relative à l'autorité du Pape : elle était appelée ainsi du nom de ses adhérents *(Gallicani)* qui principalement étaient en France.

D. Cette opinion n'a-t-elle pas été enseignée dans nos séminaires ?

R. Oui, malgré les protestations du Saint-Siége, qui, en bon père, ne voulut point rompre avec l'Eglise de France, cet enseignement a été imposé par le pouvoir civil, pendant un siècle et demi.

D. Le gallicanisme est-il possible désormais?

R. Non, puisque cette opinion a été solennellement condamnée au Concile du Vatican, il n'y a plus que des ultramontains et des hérétiques, c'est-à-dire que, si l'on ne veut être hérétique, il faut admettre, sans restriction aucune, l'infaillible magistère du Pape dans tout ce qui tient à la foi et aux mœurs.

D. Pourquoi nos révolutionnaires, *libres-penseurs*, s'occupent-ils d'ultramontanisme et de gallicanisme, admettant celui-ci, rejetant celui-là ?

R. Leur but est évident; après avoir dépouillé le Pape-*Roi*, ils veulent détruire, anéantir le Pape-*Pontife*.

D. Pourquoi désignent-ils le catholicisme par le *jésuitisme* ?

R. Ils se servent de cet épouvantail à la mode, afin de dénigrer le catholicisme, en affirmant que le Pape et toute l'Eglise sont dominés, menés et asservis par les Jésuites.

D. Est-ce que cela n'est pas vrai ?

R. Non, ni l'Eglise ni l'Etat n'ont pas des serviteurs plus éclairés, plus dévoués en leurs bons comme en leurs mauvais jours. Frédéric II le savait, quand il écrivait à Voltaire que « cet ordre avait porté et fourni à la France « des hommes du plus grand génie », et lui déclarait qu'il voulait « en conserver la pré« cieuse graine pour en fournir à ceux qui « voudraient cultiver chez eux une plante « devenue si rare(1) ».

D. D'où vient donc cette haine contre eux ?

R. Le voici : ennemis de Satan, de ses agents, ils sont toujours à l'avant-garde de l'armée de Jésus-Christ, et, par leur inappréciable éducation, ils sont maîtres de l'élite de la jeunesse française.

D. Qu'est-ce que l'esprit moderne ?

R. C'est un esprit révolutionnaire qui, en élevant l'homme, ses lois ou opinions *variables* au niveau ou au-dessus de Dieu, de ses lois *éternelles*, des lois *immuables* de l'Eglise,

(1) Œuvr. de Voltaire, t. LXXXVI, p. 286.

l'affranchit, en partie ou en entier, de l'autorité de Dieu et de son Eglise.

D. Comment appelez-vous cette école qui, *en apparence*, n'affranchit ou ne *libère* qu'en partie de l'autorité de Dieu et de son Eglise ?

R. C'est le *libéralisme* moderne, flétri par Pie IX du nom de « peste dangereuse ».

D. Qu'est-ce que le libéralisme ?

R. C'est l'école de ceux qui, LIBÉRÉS du souci de la loi divine et révélée de Dieu, veulent asseoir l'ordre social sur « les droits de l'homme », droits de la raison, droits de la volonté, droits de la conscience, droits de la liberté, droits de l'*opinion générale*, droits de l'Etat etc..., tous droits primant, d'après cette école, ceux de Dieu et de l'Eglise et nécessitant un accommodement à l'amiable (1).

D. Pourquoi l'Eglise n'admettrait-elle pas cet accommodement ?

R. Elle ne le peut ni sans se détruire, ni sans ruiner la société.

D. Comment cela ?

(1) De là : le radicalisme modéré, le naturalisme, l'indifférentisme, le modérantisme, la morale indépendante, la civilisation moderne, la sécularisation du pouvoir civil, la réconciliation de l'Eglise avec le siècle, etc., etc., en un mot, l'accord entre le *oui* et le *non*, l'erreur et la vérité, la lumière et les ténèbres, entre « le Christ et Bélial », à la condition que celui-ci marchera devant.

R. Parce qu'en trahissant le dépôt sacré de la foi de Dieu, pour, au nom de la liberté de conscience, égalité des cultes, etc., fléchir devant « les droits de l'homme », elle descendrait au niveau de toutes les religions du globe, le Bouddhisme y compris. Parce qu'enfin, en admettant les principes de la sécularisation du pouvoir civil, de la liberté de *penser*, d'*écrire*, de *faire* (1), elle substituerait à l'autorité, à la sagesse de la loi de Dieu, le droit de la *force*, le despotisme du *nombre*, la tyrannie du *césarisme* ou de la *populace*.

D. Et le Syllabus, qu'est-ce que c'est ?

R. Ce grand *cauchemar* de tous les révolutionnaires n'est autre chose que l'antidote *nécessaire* du *libre examen*, de ce principe détestable qui, appliqué aux dogmes religieux, aboutit d'abord à l'hérésie, puis au déisme, à l'athéisme, et qui, appliqué aux institutions politiques, mène fatalement à la révolution, à l'anarchie (2).

(1) A la liberté de tout penser et écrire se rattache celle de tout faire.

(2) Depuis quatre-vingts ans, on compte, en Europe, *quarante-trois trônes* renversés, *vingt-quatre dynasties* exilées, *vingt-neuf chartes* et constitutions déchirées, et l'on est loin d'être content : Pour s'en convaincre, qu'on écoute la presse révolutionnaire de France, de Belgique, d'Allemagne, de Suisse, de Piémont, d'Espagne, etc. Beaux fruits de ce *libre examen*, et des *principes modernes !!!*

D. Mais en quoi consiste ce document si critiqué et si peu connu ?

R. Il consiste en un recueil ou tablean de diverses condamnations éparses et successivement portées par le Pape.

D. Est-il un défi jeté à la conscience et aux institutions modernes ?

R. Loin de là, c'est un code, une charte, pour maintenir dans sa pureté et son intégrité l'enseignement traditionnel de l'Eglise, et pour conserver les vérités qui sont la base indispensable de toute société.

D. Il est donc *nécessaire ?*

R. Oui, au milieu de cet océan d'erreurs, de sophismes, de mensonges, de principes faux, qui nous assiégent de toutes parts, il est aussi nécessaire que l'œil au voyageur, la boussole au pilote ; et le devoir non-seulement de tout chrétien, mais de tout homme sensé, est de bénir le Pape de sa vigilance paternelle et de suivre avec fermeté toute la doctrine du *Syllabus.*

D. Qui sont les ennemis du Syllabus ?

R. Toute sa doctrine se réduisant à revendiquer la liberté du bien *et à* repousser celle du mal, loi fondamentale que *tout homme sensé* admet et doit admettre dans sa famille, aussi bien que Dieu et le Pape dans l'Eglise, ceux qui *sciemment* hurlent contre le Syllabus sont ceux qui ne voudraient point de Dieu au ciel, d'Eglise sur la terre, de maître ni dans la société ni dans la famille : *Dixit impius in corde suo, non est Deus !!*

CHAPITRE XIII

Haine, prétentions des révolutionnaires contre l'Eglise, ses ministres. — Schisme. — Autorité et signes distinctifs des prêtres schismatiques.

§ I

Pourquoi les révolutionnaires sont contre l'Eglise catholique et ses ministres.

D. Pourquoi les révolutionnaires attaquent-ils l'Eglise catholique et non les autres églises?

R. Parce que l'Eglise catholique est la seule et l'unique « envoyée » de Jésus-Christ, son unique épouse fidèle, portant avec elle Dieu, et que les autres églises, filles bâtardes, épouses adultères, sont les églises de Satan, mères et nourricières de la révolution.

D. Pourquoi attaquent-ils surtout le Pape et les évêques?

R. Parce que le Pape est un autre Jésus-Christ sur la terre et que lui et les évêques, successeurs des apôtres, démasquent, déjouent les projets de la révolution et se montrent toujours les *colonnes de la vérité, la lumière du monde.*

D. Pourquoi haïssent-ils les bons prêtres, les Ordres religieux, les associations catholiques?

R. Ils les haïssent comme le loup hait les chiens vigilants du troupeau.

§ II

Si les évêques et les prêtres sont des fonctionnaires publics dépendant de l'Etat.

D. Mais les évêques et les prêtres, comme fonctionnaires publics, ne dépendent-ils pas du gouvernement civil ?

R. C'est là une des prétentions injustes de nos révolutionnaires. Sans doute, les évêques et les prêtres, en tout ce qui n'est point contraire à l'Eglise et à ses droits , doivent l'exemple de la soumission au gouvernement civil ; mais, investis d'une autorité et d'un caractère *divins* , ils n'en dépendent point. — Le traitement qu'ils reçoivent du gouvernement, et par lequel on voudrait les assimiler aux autres fonctionnaires de l'Etat, n'est qu'une faible indemnité des biens ecclésiastiques, confisqués par ce même État, en 93.

D. Mais c'est le gouvernement qui nomme les évêques ?

R. En vertu des concordats passés entre le Saint-Siége et les gouvernements civils, quelques souverains ou chefs d'Etat ont le droit d'*initiative* pour la présentation ou nomination des futurs évêques; mais ceux-ci ne sont rien sans l'*institution canonique* du Pape qui leur donne le pouvoir de régir une portion de l'Eglise déterminée par lui seul.

D. Un prêtre ne peut donc être évêque contre la volonté du Pape ?

P. Pour être évêque, il faut recevoir d'abord du Pape l'acte officiel de ratification ou l'institution canonique, qui donne la *juridiction*, c'est-à-dire le pouvoir de régir et de gouverner ; puis il faut recevoir la *consécration*, qui donne le caractère épiscopal.

D. Que seraient les actes d'un prêtre qui, sans cette juridiction, s'immiscerait dans le gouvernement d'une église quelconque ?

R. Ses actes seraient nuls de plein droit, et lui-même frappé *ipso facto* de l'excommunication majeure.

D. Que serait l'évêque qui, contre la volonté

du Pape, donnerait la consécration épiscopale à un prêtre?

R. Le consécrateur serait un grand coupable, un sacrilége au premier chef; le consacré recevrait le caractère épiscopal, mais il serait sans pouvoir de juridiction, et, de plus, sacrilége comme le consécrateur; il ne pourrait licitement administrer les sacrements de la Confirmation et de l'Ordre.

D. Quand arrivent ces sacriléges?

R. Aux temps des schismes.

§ III

Ce que sont les schismes et les églises nationales.

D. Qu'est-ce que le schisme?

R. C'est la séparation de l'Eglise, ou, ce qui revient au même, du Pape.

D. Le schisme n'amène-t-il pas un autre crime?

R. Oui, l'hérésie, ce qui est l'apostasie de la foi.

D. Comment appelez-vous les églises séparées du Pape?

R. Ce sont des églises nationales, avec constitution civile, réduites, bon gré mal gré, sous la servitude de l'Etat civil.

D. Les schismes sont-ils possibles aujourd'hui ?

R. La Suisse, l'Allemagne, la Russie, l'Angleterre, l'Eglise d'Orient, etc., en sont autant d'exemples, et c'est à quoi tendent tous les efforts du radicalisme révolutionnaire.

§ IV

Pouvoirs des prêtres schismatiques et signes auquels on les reconnait.

D. Quels sont les pouvoirs des prêtres schismatiques ou apostats ?

R. Comme les prêtres interdits, ils peuvent, en vertu du caractère sacerdotal, célébrer la messe validement, mais non *licitement*, c'est-à-dire sans le plus grand sacrilége ; de plus, ils n'ont aucun pouvoir d'administrer les sacrements.

D. Quel est le devoir des chrétiens vis-à-vis de ces prêtres apostats ?

R. C'est de s'en éloigner et de n'avoir aucune relation avec eux.

D. A quels signes les reconnaître ?

R. Ordinairement, ils sont transfuges de leur pays et de leur diocèse ;

— Ils sont loués, exaltés par tous les mauvais journaux, tous les révolutionnaires, la canaille, en un mot, par tous les *sans-Dieu ;*

— Ils ne sont austères ni de *mœurs* ni de langage ;

— Enfin, ils n'ont aucun titre valide, ni du Pape, ni d'aucun évêque en communion avec le Pape.

D. Tout pouvoir ecclésiastique doit donc venir du Pape ?

R. Oui, lui seul a la plénitude du pouvoir ecclésiastique ; de lui, ce pouvoir va à l'évêque et de celui-ci aux prêtres de son diocèse. Rompre cette chaîne, cette hiérarchie divine, c'est le schisme, c'est l'église de Satan, c'est la mort.

CHAPITRE XIV

Diverses espèces de révolutionnaires. — Matière propre à faire un révolutionnaire.

D. Combien y a-t-il de sortes de révolutionnaires ?

R. Il y en a de couleur *cramoisie*, *écarlate*, *rouge*, *rouge-tendre*.

D. Qui sont les premiers ou les cramoisis ?

R. Ce sont ceux qui, de sang-froid, la haine

au cœur, *per fas et nefas,* conspirent ouvertement contre l'Eglise de Jésus-Christ et contre toute autorité *légitime :* ce sont de vrais démons.

D. Et les seconds ?

R. Ce sont ceux qui, par des moyens moins sanguinaires, mais plus savamment combinés, travaillent à la destruction de l'Eglise et de l'ordre social catholique : ils ne diffèrent guère des premiers que par les moyens qu'ils emploient.

D. Qui appelez-vous les rouges ?

R. Ceux qui, professant, du moins à l'extérieur, un respect vague pour la *religion*, redoutent l'influence de *l'Eglise* catholique, la mettent hors la loi politique et dans la sacristie.

D. Et les derniers ?

R. Ceux qui, éblouis des mots de *liberté*, *progrès du siècle*, etc., tout en admettant l'Eglise dans l'ordre spirituel, aimant même ses ministres, lui reprochent cette inflexibilité de principes, cette « *oppression du mal* », et lui conseillent le *modérantisme*, la conciliation avec le siècle, avec le pouvoir civil, en un mot, la « *sécularisation* ».

D. Que pensez-vous de ces conseils ?

R. Je pense que ces catholiques outragent la

foi de nos pères et la nôtre. — L'Eglise ayant la mission *divine* d'enseigner *tous* les siècles, *tous* les peuples, c'est à notre siècle, à notre génération, aussi bien qu'à ceux passés et futurs, à être de l'Eglise, et non à l'Eglise à être du siècle. C'est aux générations d'aller à la vérité, de s'y éclairer : aussi l'Eglise a-t-elle condamné, dans le *Syllabus*, cette proposition : « Le Pontife romain peut et doit se réconcilier et transiger avec le progrès, le libéralisme et la civilisation moderne ».

D. De quoi fait-on un révolutionnaire ?

R. Tous les mauvais fils, mauvais écoliers, ou apprentis, ouvriers désœuvrés ou fainéants, ivrognes, voleurs, mauvaises têtes, brouillons, gens de sac et de corde, fonctionnaires révoqués ou sans place, de n'importe quel nom et habit, etc., s'ils ne sont pas révolutionnaires, sont matière prochaines *ex quâ*, pour faire un révolutionnaire.

CONCLUSION

Un jour Emilius Scaurus, accusé d'un méfait devant le peuple romain, s'écria : « Quirites, Varius affirme, et moi je nie; qui des deux croirez-vous? » Et le peuple d'applaudir et l'accusateur de s'enfuir tout confus.

Lecteur, tous les révolutionnaires, Franc-Maçons, communards, pétroleurs, etc., affirment être vos libérateurs, vos bienfaiteurs, vos lumières... ; l'Eglise catholique, votre sainte mère, et la France chrétienne le nient : qui croirez-vous? Hâtez-vous, montrez-le par vos paroles et par vos actes ; « entretenez-en vos enfants : que vos enfants ensuite le disent aux leurs : et que ceux-là le racontent aux races suivantes. — La sauterelle a mangé les restes de la chenille ; le ver, les restes de la sauterelle ; et la nielle, les restes du ver. Réveillez-vous (1) »... La révolution subissant selon les temps et les lieux toutes les métamorphoses de la chenille, sous mille formes diverses, envahit... dévore tout... et bientôt il ne restera rien !!!

(1) Joel, I, 3-5.

BIBL. NAT. ... IMPRIMÉS

TABLE DES MATIÈRES

[library stamp]

Pages.

Au Lecteur.... 1
Chapitre I. — Ce que c'est que la révolution...... 5
Chapitre II. — Qui est le père de la révolution. — Quel est son but............................ 7
Chapitre III. — Commencement de la révolution proprement dite.............................. 9
Chapitre IV. — Ses premiers apôtres et adeptes.... 11
Chapitre V. — Epoque de sa consécration légale. — « Droits de l'homme »........................ 12
Chapitre VI. — Corollaires et conclusions pratiques tirés de la Charte « des droits de l'homme ». — Ruines de toute sorte. — 93 avec son catéchisme républicain. 15
Chapitre VII. — But des révolutionnaires de nos jours.................................... 25
Chapitre VIII. — Réconciliation impossible entre l'Eglise et la révolution........................ 34
Chapitre IX. — Chefs actuels de la révolution. — Sociétés secrètes, Francs-Maçons, etc............. 35
Chapitre X. — Plans et moyens de corruption employés par les révolutionnaires.................. 42
§ I. Plan.................................. 42
§ II. Moyens pour corrompre la jeunesse....... 43
§ III. Moyens pour corrompre le peuple........ 46
§ IV. Moyens employés aux époques d'élections. — Intervention du clergé.................. 47

Pages.

§ V. Obligation de voter. — Devoir de tout électeur chrétien.................................... 50

CHAPITRE XI. — Thèmes ordinaires et préférés de la presse révolutionnaire........................... 53

§ I. De la séparation de l'Eglise et de l'Etat..... 54

§ II. De la souveraineté absolue du peuple....... 59

§ III. De la souveraineté de la loi............... 63

§ IV. De la liberté............................ 66

§ V. De l'égalité.............................. 70

CHAPITRE XII. — Gros mots ou vieilles rengaines de la presse révolutionnaire : cléricalisme, ultramontanisme, jésuitisme, obscurantisme, politique rétrograde, de réaction, esprit moderne (libéralisme), Syllabus.. 72

CHAPITRE XIII. — Haine, prétentions des révolutionnaires contre l'Eglise, ses ministres. — Schismes. — Autorité et signes distinctifs des prêtres schismatiques... 81

§ I. Pourquoi les révolutionnaires sont contre l'Eglise catholique et ses ministres............... 81

§ II. Si les évêques et les prêtres sont des fonctionnaires publics dépendant de l'Etat............. 82

§ III. Ce que sont les schismes et les églises nationales... 84

§ IV. Pouvoirs des prêtres schismatiques et signes auxquels on les reconnaît..................... 85

CHAPITRE XIV. — Diverses espèces de révolutionnaires. — Matière propre à faire un révolutionnaire. 86

CONCLUSION.. 89

Bar-le-Duc. — Typographie des Célestins. — BERTRAND.

IMPRIMERIE DES CÉLESTINS

36, rue de la Banque, 36

A BAR-LE-DUC

LIBRAIRIE BLOUD & BARRAL

18 (ancien 30), rue Cassette, 18

PARIS

EXTRAIT DU CATALOGUE

ANNALES DU MONDE RELIGIEUX

Organe officiel de la Société d'Histoire ecclésiastique

PUBLICATION MENSUELLE DE 64 PAGES IN-8° RAISIN
AVEC COUVERTURE DE COULEUR ET IMPRIMÉE

Prix de l'Abonnement : 5 fr. 50

Pour l'Étranger, le port en sus.

Les *Annales* sont divisées en quatre parties : la première est exclusivement consacrée aux études scientifiques et historiques ; la seconde, au récit des événements religieux du mois et aux documents pontificaux ; la troisième, aux nouveautés littéraires et artistiques ; et la quatrième, aux travaux de la *Société d'Histoire ecclésiastique*.

Tous les articles sont une réfutation soit directe, soit indirecte, des erreurs que la presse anticatholique cherche à accréditer dans un but facile à comprendre.

NOTA. Les membres de la rédaction, pour répondre aux attaques dont l'Eglise est sans cesse l'objet de la part de la mauvaise presse, se proposent de publier, dans une série d'articles, l'histoire des Ordres religieux. Ils opposeront aux calomnies des écrivains soudoyés des loges maçonniques le tableau des actes de dévouement dont les membres de nos communautés donnent chaque jour l'édifiant exemple.

REVUE DES SAINTS CONTEMPORAINS

D'APRÈS PROCÈS APOSTOLIQUES ET DOCUMENTS AUTHENTIQUES

Publication mensuelle de 48 pages in-8°
avec couverture imprimée

Rédacteur : l'Abbé OLIVIER

DOCTEUR EN THÉOLOGIE

Prix de l'Abonnement : 6 fr.

Cette *Revue*, à laquelle ont souscrit plusieurs archevêques et évêques, et dont la presse catholique a fait de grands éloges, se publie avec l'agrément et sous la haute surveillance de l'administration ecclésiastique de Paris.

Les familles chrétiennes trouveront dans la lecture de cette *Revue* un avantage assez rare, savoir le charme littéraire joint à l'édification et à la plus irréprochable orthodoxie.

Sa Sainteté LÉON XIII vient de faire adresser au Rédacteur en chef de cette *Revue*, en lui accordant sa Bénédiction Apostolique, de chaleureuses exhortations à poursuivre son Œuvre qu'il qualifie lui-même de « *très-utile et tout à fait appropriée aux temps actuels* ».

SOUS PRESSE

LE PONTIFICAT DE PIE VI

ET

L'ATHÉISME RÉVOLUTIONNAIRE

Par l'Abbé I. BERTRAND

Avec la collaboration de M. le chanoine SAURET, du diocèse de Gap et de M. l'abbé CLERC-JACQUIER, du diocèse de Grenoble.

1 beau volume in-8° de plus de 600 pages, sur beau papier vergé.

Prix : 4 fr. ; — *franco-poste* : 5 fr.

L'auteur s'est attaché à faire de son livre une œuvre d'histoire et d'apologétique tout à la fois.

La première partie de l'ouvrage renferme le tableau complet de la conspiration ourdie contre l'Eglise, à la fin du dix-huitième siècle, et des moyens qui furent mis en œuvre pour assurer le triomphe de l'impiété. La seconde partie est consacrée au récit de tout ce que Pie VI a fait pour les arts, les sciences, les lettres, et l'amélioration matérielle et morale de ses Etats comme souverain temporel ; la troisième partie, enfin, la plus longue et la plus douloureuse, est un récit navrant des luttes que le grand Pontife eut à soutenir contre toutes les cours de l'Europe, de ses rapports avec la France pendant la première Révolution, des violences dont il fut l'objet sous le Directoire, de sa captivité et de sa mort à Valence.

Une Victime de la Révolution. Captivité et mort de Pie VI (*Extrait de la vie de ce grand Pape*), par le R. P. Bertrand, de la Congrégation des Célestins. — 1 petit volume in-18. — Prix, *franco* :................ 0 fr. 80

La Franc-Maçonnerie, son caractère, son organisation, son extension, ses sources, ses affluents, son but et ses secrets, par Mgr Dechamps. — 1 vol. in-18 raisin. — Prix, *franco-poste* :.......................... 1 fr.

La Franc-Maçonnerie, Révélations d'un Rose-Croix. Cet ouvrage est palpitant d'intérêt, soit à cause des révélations que l'on y trouve, soit à cause des accusations que l'auteur, un ancien affilié, dirige, preuves en main, contre la redoutable association dont il a été membre. 7e édit. — Prix : 1 fr.

Le Notre-Père au XIXe siècle. — 1 vol. in-18 raisin, de plus de 300 pages. — Prix.......................... 1 fr.

L'Instruction laïque obligatoire, ou agissements du radicalisme, par M. l'abbé FREYNET ; 2e édition, entièrement refondue. — In-8 écu. — Prix .... **3** fr.

La Liberté de l'Enseignement supérieur, par M. l'abbé FREYNET. — Br. in-8. Prix........................... **0** fr. **50**

Les Martyrs de la Révolution dans le diocèse de Séez, par M. l'abbé BLIN. — 3 vol. in-8 carré. — Prix net :............ **12** fr.

Recherches sur le Dimanche, par M. F. LESCUYER, membre et lauréat de plusieurs Académies et Sociétés savantes. — 1 vol. in-8° de 250 pages. — Prix, *franco-poste*......................... **2** fr. **50**

Les Conciles généraux et particuliers, par Mgr Paul GUÉRIN, camérier de Sa Sainteté Pie IX. — 3 vol. in-8 raisin, contenant environ six millions de lettres, c'est-à-dire la matière de six volumes. — Prix, **21** fr. ; — net :......................... **16** fr.

Concile œcuménique du Vatican. Son histoire, ses décisions, en latin et en français, avec tous les documents, par Mgr Paul GUÉRIN, camérier de Sa Sainteté Pie IX. — 1 vol. in-8 raisin, sur beau papier vergé. — Prix, *franco-poste* :............... **2** fr. **50**

Histoire de Marie Stuart, reine de France et d'Écosse, par J.-A. PETIT. — 2 beaux vol. in-8 carré. — Prix net : **12** fr. ; — *franco-poste* :...................... **13** fr. **50**

Apologie du Christianisme, par Franz HETTINGER, docteur en philosophie et en théologie, professeur de théologie à l'Université de Wurtzbourg. Traduction de l'allemand, par M. Julien LALOBE DE FELCOURT, licencié en droit, et M. J.-B. JEANNIN préfet des études au collége de l'Immaculée-Conception de Saint-Dizier. — 5 volumes in-8 carré, sur papier vergé. — Prix : **25** fr.; net : .... **20** fr.

Conférences aux jeunes Filles, ou Considérations sur certains défauts plus particuliers à leur âge et à leur condition, par M. l'abbé F. MÉCHIN, chanoine honoraire, curé de Saint-Urbain, de Troyes. — 1 joli volume in-18 jésus, de 320 pages, sur très-beau papier. — Prix net : **2** fr.; *franco-poste* :.. **2** fr. **25**

Défense du Christianisme, ou Conférences sur la Religion, par Mgr FRAYSSINOUS.— 2 vol. in-8 carré, papier vergé. — Prix net : **5** fr.; — *franco-poste* :................. **6** fr. **50**

Catéchisme de la Doctrine chrétienne (Explication générale du), par D. GARCIA-MAZO, prédicateur de la Cour d'Espagne. Traduction en français. — 1 très-beau vol. in-18 raisin. — Prix, *franco-poste* :... **2** fr.

BIBLIOTHÈQUE NATIONALE R.F. IMPRIMÉS

Bar-le-Duc, Typ. des Célestins, BERTRAND

AVIS IMPORTANT

Prière aux personnes qui s'intéressent à l'œuvre de la Défense religieuse et sociale de vouloir bien lire et propager cette brochure, afin de lui procurer « *le succès d'une publicité « considérable dans toutes les provinces de notre pauvre France* ».

(Lettre de Mgr de Ségur à l'auteur.)

www.ingramcontent.com/pod-product-compliance
Ingram Content Group UK Ltd.
Pitfield, Milton Keynes, MK11 3LW, UK
UKHW021110200726
13857UKWH00003B/1152

9 782011 793515